# BIBLIOTHÈQUE

DE LA

# VILLE DE DINAN

*Imprimé en 1890.*

*Continué jusqu'au 22 Avril 1894*

*Le Bibliothécaire,*

*Le Bou*

# CATALOGUE

VILLE DE DINAN

# CATALOGUE

DE LA

# BIBLIOTHÈQUE COMMUNALE

*Publié sous l'administration*

de M. DEROYER, Maire

ET DRESSÉ


***Par M. J.-M. LE ROUX***

CONSERVATEUR DE LA BIBLIOTHÈQUE ET DU MUSÉE

OFFICIER DE L'INSTRUCTION PUBLIQUE

DINAN

*Imprimerie de J.-M. PEIGNÉ, succr de HUART*

1890

VILLE DE DINAN

# RÈGLEMENT

DE LA

# BIBLIOTHÈQUE & DU MUSÉE

ARTICLE 1er

La Bibliothèque est ouverte au public le dimanche et le jeudi de chaque semaine, excepté pendant les vacances, savoir :

Du 1er octobre au 1er avril, de 4 à 7 heures ;

Du 1er avril au 15 août, de 1 à 4 heures.

ARTICLE 2

Sont exceptés les jours de Pâques, l'Ascension, la Pentecôte, l'Assomption, la Toussaint et Noël, ainsi que le jour de la Fête Nationale et le dimanche des Courses.

ARTICLE 3

Le Musée est ouvert tous les dimanches et jours de fête, sans exception, de 1 heure à 4 heures de l'après-midi ; dans le courant de la semaine, les étrangers peuvent être admis à le visiter.

ARTICLE 4

L'entrée de ces établissements est absolument gratuite.

ARTICLE 5

En cas d'empêchement, pour cause de maladie ou d'absence, le Bibliothécaire conservateur peut se faire remplacer par une personne que le Maire aura préalablement agréée.

ARTICLE 6

Le catalogue des livres sera mis à la disposition des lecteurs, qui recevront et remettront, au bureau du Bibliothécaire, les volumes demandés. Ils seront responsables des dégradations ou détériorations qu'ils leur auraient fait subir, même involontairement. Après deux avertissements restés sans résultat, l'entrée de la Bibliothèque pourra être interdite à toute personne dont la présence serait une cause de trouble ou de désordre. Les conversations à voix haute sont interdites.

ARTICLE 7

Il est expressément défendu de faire sur les livres communiqués aucune marque ou annotation, de quelque nature qu'elle soit.

ARTICLE 8

Les livres seront lus sur place. Toutefois, et dans des cas exceptionnels, avec la permission du Maire, des ouvrages pourront être prêtés, pour un temps qui, sous aucun prétexte, n'excédera quinze jours, aux personnes qui justifieront en avoir besoin à domicile pour leurs études, moyennant qu'elles en prennent charge sur un registre *ad hoc*, et s'engagent à le rapporter à la première invitation. Cette faculté ne peut s'étendre aux livres rares, manuscrits, dictionnaires, encyclopédies, cartes, dessins et publications périodiques, lesquels ne seront jamais déplacés. Le Bibliothécaire sera responsable des livres prêtés, s'il ne les a pas réclamés après le terme fixé pour la durée du prêt. Le Maire devra être informé après deux avertissements restés sans effet.

Les permissions accordées par le Maire seront portées sur le registre de correspondance.

Dinan, le 10 novembre 1885.

*Les Membres de la Commission,*

MM. DEROYER, Maire, *président ;* — PEIGNÉ, 1er Adjoint ; — EVEN, Conseiller municipal ; — JACQUEMIN, id. ; — BARBÉ-GUILLARD, id. ; — LEVANNIER, ancien Principal du Collège ; — D'ARMONT, Juge de paix.

# A

1. ABRÉGÉ DE LA NOUVELLE MÉTHODE POUR APPRENDRE LA LANGUE LATINE. — *Paris, Denis-Thierry*, in-4°.

1 *bis*. ABRÉGÉ CHRONOLOGIQUE DES GRANDS FIEFS DE LA COURONNE DE FRANCE. — *Paris, Desaint et Saillant*, 1759, in-12.

2. ABRÉGÉ DE TOUTES LES SCIENCES. — *Lyon, J.-L. Maillet*, 1802, in-12.

3. ACADÉMIE UNIVERSELLE DES JEUX. — *Paris, Théod. Legras*, 1739, in-12.

4. ACTES DU PARLEMENT DE PARIS, par BOUTARIC. — *Paris, H. Plon*, 1863, 3 vol. in-4°.

5. ACTION (DE L') DE DIEU SUR LES CRÉATURES ; traité dans lequel on prouve la prémotion physique par le raisonnement. — *Paris, F. Babuty*, 1715, in-4°.

5. ADÈLE ET THÉODORE, ou Lettres sur l'Education. — *Avignon, Chambeau*, 1800, 3 vol. in-12.

6. AFFAIRE (DE L') GÉNÉRALE DE BRETAGNE, 1768, in-12.

6 *bis*. AFFAIRES DE L'INDE, de 1756 à 1783. — *Paris, Buisson*, 1788, 2 vol. in-8°.

7. AGNÈS (J.-A.). DE L'ÉLECTION, essai philosophique. — *Paris, Berquet et Pétion*, 1837, in-8°.

8. AGNÈS (J.-A.) HARMONIES DE LA NATURE, ou Recherches philosophiques sur le Principe de la vie. — *Paris, Videcoq*, 1857, 2 vol. in-8°.

9. ALBÉRONI (JULES). TESTAMENT POLITIQUE. — *Lausanne, Marc Mich. Bousquet*, 1753, in-12.

10. ALBERTI (LÉON-B^{te}). FABLES DIVERSES. — *Paris, Ch. de Sercy*, 1693, in-8°.

11. ALBUM UNIVERSEL DES EAUX MINÉRALES, DES BAINS DE MER ET DES STATIONS D'HIVER. — *Paris, Cazaux*, 1869, in-4°.

12. ALCAN (MICHEL). TRAITÉ DU TRAVAIL DES LAINES PEIGNÉES, — *Paris, J. Baudry*, 1873, in-8°, av. pl.

13. ALLEN (JOHN). RECHERCHES SUR L'ORIGINE ET L'ACCROISSEMENT DU POUVOIR ROYAL EN ANGLETERRE, trad. par Paul GUILLOT. — *Paris, Ed. Legrand*, 1834, in-8°.

14. ALLETZ. LE CATÉCHISME DE L'AGE MUR. — *Paris, Babuty*, 1774, in-12.

15. AMADAS ET YDOINE, poëme d'aventures, publié par HIPPEAU. — *Paris, Aug. Aubry*, 1863, in-8°.

15 *bis*. AMADIS DE GAULE (Trad. libre d'), par le comte DE TRESSAN. — *Amsterdam, Pissot*, 1780, 2 vol. in-12.

16. AMADOR DE LOS RIOS (JOSÉ). ETUDES SUR LES JUIFS D'ESPAGNE. Trad. par J.-G. MAGNABAL. — *Paris, Paul Dupont*, 1861, in-8°.

16 (a) AMBERT (LE GÉNÉRAL). RÉCITS MILITAIRES (1870-1871). — *Paris, Bloud et Barral*, 1885, 4 vol. in-8°.

17. AMI (L') DES HOMMES, ou Traité de la Population. — 1759, 5 vol. in-12.

19. AMPÈRE (ANDRÉ M.). ESSAI SUR LA PHILOSOPHIE DES SCIENCES. — *Paris, Bachelier*, 1843, in-8°.

20. AMUSSAT, fils (Le docteur A.). MÉMOIRES SUR LA GALVANOCAUSTIQUE THERMIQUE. — *Paris, Germer-Baillère*, 1876, in-8°.

21. ANCELOT (Théâtre de M^{me}). — *Paris, Bech*, 1848, 4 vol. in-8°.

22. ANCIENS POÈTES DE LA FRANCE (LES), publié par M. F. GUESSART. — *Paris, Franck*, 1870, in-8°.

23. ANDRÉ. Catalogue du Musée d'archéologie et de céramique du Musée lapidaire de la ville de Rennes. — *Rennes, Le Roy fils*, 1876, in-8°.

24. ANDRIEUX DE BRIOUDE et L. BAUDET. Enseignement élémentaire universel. — *Paris, Dubochet*, 1844, in-12.

25. ANGRAN DE RUENEUVE. Observations sur l'agriculture et le jardinage. — *Paris, Prud'homme*, 1712, 2 vol. in-12.

25 ([a]). ANNÉE SCIENTIFIQUE (L'), par Louis Figuier. — *Paris, Hachette et Cie*, 1886.

26. ANNUAIRE DE BREST ET DU FINISTÈRE, pour 1838. — *Brest, Come fils aîné*, 1838, in-8°.

27. ANNUAIRES DES COTES-DU-NORD. Années 1804, 1805, 1837, 38, 40, 42, 47, 48. — *St-Brieuc, L. Prud'homme*, in-18.

28. ANNUAIRE DES DEUX-MONDES, de 1850 à 1858, 8 vol. in-18.

29. ANNUAIRE MÉTÉOROLOGIQUE DE LA FRANCE, de 1849 à 1859. — *Paris, Gaume fr.*, 9 vol. in-8°.

29 *bis*. ANQUETIL. Histoire universelle. — *Paris, Amable Coste*, 1818, 10 vol. in-12.

29 *ter*. ANQUETIL. Histoire de France. — *Paris, Mame frères*, 1813, 15 vol. in-12.

20 *quat*. ANQUETIL-DUPERRON. L'Inde en rapport avec l'Europe. — *Paris, Lesguilliez frères*, an VI de la République. 2 vol. in-8°.

30. ANSELME (Le P.). Histoire généalogique et chronologique des Maisons de France, des grands officiers de la couronne et de la maison du Roi. — *Paris*, 1712, 2 vol. in-4°.

31. APOLOGIE DES LETTRES PROVINCIALES. — *Rouen*, 1698, in-12.

32. APOPHTEGMES DES ANCIENS (Les), trad. par Macault, in-8°.

33. ARCHIVES DE L'ART FRANÇAIS (de 1851 à 1860). — *Paris, J.-B. Dumoulin*, in-8°.

34. ARCHIVES DE L'OUEST. Recueil de documents concernant l'histoire de la Révolution. (1789-1800). — *Paris, Lacroix*, 5 vol. in-8°.

35. ARDANT. Projet de Code rural et de Code forestier. *Paris, Testu*, 1819, in-8°.

36. ARGENTRÉ (D'). Histoire de Bretagne, des Roys, Ducs, Comtes et Princes d'icelle. — *Rennes, Jean Vatar*, 1668, in-8°.

37. ARISTOPHANE (Scènes d'), trad. par Eugène Fallex. — *Paris, A. Durand*, 1859, in-8°.

38. ARISTOPHANE. Le Plutus et les Nuées, trad. par Mlle Le Fèvre. — *Paris, Denys Thierry*, 1684, in-12.

39. ARISTOPHANEM (Scholia græca in ), par Dubner. — *Paris, Ambr. Firmin Didot*, 1843, in-8°.

40. ARNOUX (E.), La Lettre électrique. — *Paris, Arthus Bertrand*, 1867, in-8°.

41. ARRIMAGE DES VAISSEAUX, in-4°, avec pl.

42. ATLAS (3), imprimés sous le règne de Louis XV.

42(a) ATLAS DE GÉOGRAPHIE MODERNE. — *Paris, Hachette et Cie*, 1888.

43. AUGUSTIN (Saint). Les Confessions, trad. par M. du Bois. — *Paris, Jean de Neuilly*, 1712, in-12.

44. AUGUSTIN (Saint). Les deux livres de la grace de Jésus-Christ et du péché originel, trad. par les PP. B. B. — *Paris, F. Babutty*, 1738, in-18.

44 *bis*. AGUESSEAU (Le Chancelier d'). Œuvres. — *Paris, Libraires associés*, 1787. — 13 vol. in-4°.

# B

45. BACON. Traduction Française. — *Paris, J. Dumaine*, 1870, in-12.

46. BACON. La Vie du Chancelier, trad. de l'Anglais. — *Amsterdam*, 1755, in-12.

47. BADIN ET QUANTIN. Géographie départementale : Oise, Seine-et-Oise, Nièvre, Indre, Cher, Ardennes, Aisne, Eure-et-Loir, Haute-Marne, Côte-d'Or, Loiret, Seine-et-Marne, Aube, Marne, Saône-et-Loire. — *Paris, J. J. Dubochet*, 1847, in-12.

48. BAHIER (J.-L.). Petit manuel du Draineur. — *Saint-Brieuc, L. Prud'homme*, in-12.

49. BAILLET. Des Enfants célèbres. — *Paris, Ant. Dezallier*, 1678, in-12.

50. BAILLY (J.-S.). Histoire de l'Astronomie ancienne et moderne. — *Paris, Bernard*, 1805, 2 vol. in-8°.

51. BAIN (Alex.). La Science de l'Education. — *Paris, Germer-Baillère*, 1880, in-8°.

51 *bis*. BALUZII (Stephani). Miscellaneorum libri VII. — *Parisiis, F.-R. Muguet*, 1678, 7 vol. in-8°

52. BARANTE (De). Histoire des ducs de Bourgogne, de la maison de Valois. — *Paris, Dufey*, 1837, 12 vol. in-8°.

53. BARBERET (Charles) ET MAGIN (Alf.). Précis de Géographie historique universelle. — *Paris, Desobry et Magdeleine*, 1841, 2 vol. in-8°.

54. BARROW (J.). Abrégé Chronologique ou Histoire des Découvertes faites par les Européens dans les différentes parties du

monde, trad. de l'Anglais par TARGE. — *Paris*, *Saillant*, 1766, 12 vol. in-12.

55. BARROW. HISTOIRE NOUVELLE ET IMPARTIALE D'ANGLETERRE, depuis l'invasion de Jules César jusqu'aux préliminaires de la Paix de 1766, trad. de l'Anglais. — *Paris*, *Costard*, 1771, 7 vol. in-12.

56. BARTHÉLEMY. VOYAGE DU JEUNE ANACHARSIS EN GRÈCE. — *Paris*, *de Bure*, 1789, 9 vol. in-12.

57. BARTLET (JEAN). LE GENTILHOMME MARÉCHAL. — *Paris*, *Jombert*, 1757, in-12.

BARTLET (J). Suite du GENTILHOMME MARÉCHAL. — *Paris*, *Jombert*, 1757, in-12.

58. BASILE (SAINT). ŒUVRES CHOISIES. — *Paris*, *H.-V. de Surcy*, 1846, 2 vol. in-8°.

59. BAUDEAU (L'ABBÉ). NOUVELLES ÉPHÉMÉRIDES ÉCONOMIQUES, ou Bibliothèque raisonnée de l'Histoire de la Morale et de la Politique. — *Paris*, *Lacombe*, 1775, 9 vol. in-12.

60. BAUDIAU (J.-F.). LE MORVAND. — *Nevers*, *Fay père*, 1865, 3 vol. in-8°.

61. BAUTAIN (L.-E.). LA RELIGION ET LA LIBERTÉ, considérées dans leurs rapports. — *Paris*, *Périsse frères*, 1848, in-8°.

62. BAYLE. DICTIONNAIRE HISTORIQUE ET CRITIQUE. — *Rotterdam*, 1715, 3 vol. in-4°.

63. BAYLE ET GIBERT. DICTIONNAIRE DE MÉDECINE USUELLE ET DOMESTIQUE. — *Paris*, *Bureau central*, 1835, 2 vol. in-8°.

64. BAZIN (LE P.). ECHINIDES DU MIOCÈNE MOYEN DE LA BRETAGNE, et particulièrement du bassin de Saint-Juvat. — *Lagny*, *F. Aureau*, 1884, in-8°.

64 *bis*. BEAUCHAMP (ALP. DE). HISTOIRE DU BRÉSIL. — *Paris*, *Alexis Eymery*, 1815, 3 vol. in-8°.

65. BEAUMARCHAIS. LE MARIAGE DE FIGARO. — *Paris*, *Ménard*, 1828, in-12.

66. BEAUMARCHAIS (ŒUVRES DE). — *Paris*, *Grimpelle*, 1829, 3 vol. in-8°.

67. BEAUMARCHAIS (Mémoires de). — *Paris, Grimprelle*, 1830, 4 vol. in-18.

68. BEAUMONT (Elie de) ET CHASLES. Recueil de rapports sur l'état des Lettres et les progrès des Sciences en France. — *Paris*, 1869, 2 vol. in-8°.

69. BEAUNE (H.) ET ARBAUMONT (J. d'). Les universités de la Franche-Comté, Gray, Dôle, Besançon. — *Dijon, J. Marchand*, 1870, in-8°.

70. BEAUTEMPS-BEAUPRÉ. Exposé des Travaux relatifs à la reconnaissance hydrographique des Côtes occidentales de la France. — *Paris*, 1829, in-4°.

71. BEAUVOIR (Le Cte de). Voyage autour du Monde. — *Paris, H. Plon*, 1873, in-4°.

72. BÉDOLLIÈRE (Em. de la). Histoire des mœurs et de la vie privée des Français. — *Paris, Ve Lecou*, 1847, 3 vol. in-8°.

73. BÉGIN (E.-A.). Guide de l'étranger a Nancy. — *Nancy, Vidart et Julien*, 1835, in-8°.

74. BEL-INCONNU (Le) ou GIGLAIN, fils de messire Gauvin, et la fée aux blanches mains ; poème de la Table-Ronde. — Publié par Hippeau. — *Aug. Aubry*, 1860, in-8°.

75. BELLEFOREST (F. de). Les Annales de France. — *Paris*, 1572, in-4°.

76. BELLEMARE (Alex.). Grammaire Arabe. — *Paris, Hachette*, 1850, in-8°.

77. BELMONTET (L.). Les nombres d'or. — *Paris, Amyot*, 1845, in-18.

78. BÉMETZRIEDER. Leçons de clavecin et principes d'harmonie. — *Paris, Bluet*, 1771, in-4°.

79. BÉNÉDEN (Van). Les commensaux et les parasites dans le règne animal. — *Paris, Germer-Baillère*, 1878, in-8°.

80. BENJAMITES (Les) RÉTABLIS EN ISRAEL, trad. de l'hébreu par M. de Malleville. — *Paris, Cérioux*, 1816, in-8°.

81. BENVENUTO CELLINI. Œuvres complètes, trad. par Léop. Leclanché. — *Paris, Paulin*, 1847, 2 vol. in-18°.

82. BÉRARD (Le Cte L. H. de). Bertrand Duguesclin en Bretagne. — *Tours*, *J. Bonserez*, in-8°.

83. BERGIER. La certitude des preuves du Christianisme. — *Paris*, *Humblot*, 1773, in-12.

84. BERGIER. Origine des Dieux du Proganisme. — *Paris*, *Humblot*, 1767, 2 vol. in-12.

85. BERGIER. Le Déisme réfuté par lui-même. — *Paris*, *Humblot*, 1770, in-12.

86. BERGIER. Examen du Matérialisme. — *Paris*, *Humblot*, 1771, 2 vol. in-12.

87. BERLIER (Théop.). Précis historique de l'ancienne Gaule, avant la conquête de Jules César. — *Bruxelles*, *Hayez*, 1822, in-8°.

88. BERLIER (Th.). Précis historique de la Gaule, sous la domination romaine. — *Paris*, *Ed. Legrand*, 1835, in-8°.

89. BERNIER (Adhelm). Monuments inédits de l'histoire de France, 1400-1600. — *Paris*, *Joubert*, 1835, in-8°.

90. BERNSTEIN. Les Sens. — *Paris*, *Germer-Baillère*, 1880, in-8°.

91. BERRUYER (Le P.). Histoire du Peuple de Dieu depuis la naissance du Messie jusqu'à la fin de la Synagogue. — *La Haye*, *Neauline*, 1753, 8 vol. in-8°.

92. BERRUYER (Isaac-Jos.). Histoire du Peuple de Dieu depuis son origine jusqu'à la naissance du Messie. — *Paris*, *Knapen*, 1728, 8 vol. in-4°.

93. BERRUYER (Is.-Jos.). Histoire du Peuple de Dieu. Epîtres des Apôtres. — *Padoue*, *J.-B. Manfré*, 1757, 2 vol. in-8°.

94. BERTHIER (Ferd.). L'Abbé Sicard, célèbre instituteur des Sourds-Muets. — *Paris*, *Ch. Douniol*, 1873, in-8°.

95. BERTIER. Exposition des principes de la vraie religion. — *Dinan*, *J.-B. Huart*, 1834, in-12.

96. BERTIN (Œuvres de). — *Paris*, *Grimprelle*, 1829, in-18.

97. BERTRAND (de Bar-sur-Aube). Le Roman de Girard de Viane. — *Reims*, *P. Régnier*, 1850, in-8°.

98. BERTRAND (Mich.). Recherches sur les propriétés physiques, chimiques et médicinales des eaux du Mont-d'Or. — *Clermont-Ferrand, Thibaud*, 1823, in-8°.

99. BÉVERIDGE. Pensées secrètes sur la Religion et sur la Vie chrétienne. — *Amsterdam, Arkstée*, 1756, 2 vol. in-12.

100. BERWICH (Maréchal de). Mémoires. — *Avignon, F. Girard*, 1737, 2 vol. in-12.

101. BÉZIER (P.). Inventaire des Monuments mégalithiques du département d'Ille-et-Vilaine. — *Rennes, Ch. Catel et Cie*, 1883, in-8°.

102. BEZOUT. Eléments de géométrie, in-8°.

103. BEZOUT. Cours de mathématiques à l'usage de la marine et de l'artillerie. — *Paris, Ve Courcier*, 1812, in-8°.

104. BIAGIOLI (G.). Grammaire italienne. — *Paris*, 1827, in-8°.

105. BIBLE (La). Traduction de la Vulgate, par le Maistre de Sacy. — *Paris*, 1834-35, 3 vol. in-4°.

106. BIBLE (The holy). — *Londres*, 1812, in-12.

107. BIBLIA. — *Lutetiæ, Roberti Stephani*, 1545, in-8°.

108. BIBLIA. — *Antverpiæ, Christophori Plantini*, 1565, in-8°.

109. BIBLIOTHÈQUE ÉTRANGÈRE, ou choix d'ouvrages remarquables, trad. par Mlle R. du Puget. — *Paris*, 1839, in-8°.

110. BIENCOURT (Le Cte de). — Les militaires blessés et invalides. — *Paris, Dumaine*, 1875, 2 vol. in-8°.

111. BIGEON (Ouvrages de M.). — *Dinan*, de 1812 à 1824.

112. BIGOT (Alexis). Essai sur les monnaies du royaume du duché de Bretagne. — *Paris, Rollin*, 1857, in-8°.

113. BIOGRAPHIE CONVENTIONNELLE (Petite). — *Paris, Alexis Eymery*, 1815, in-12.

114. BIOGRAPHIE UNIVERSELLE. — *Paris, Furne et Cie*, 1841, 6 vol. in-8°.

115. BIOT (J.-B.). Essai de Géométrie analytique. — *Paris, Klostermann fils*, 1813, in-8°.

116. BIOT (J.-B.). — Traité de physique expérimentale et mathématique. — *Paris, Deterzille*, 1816, 4 vol. in-8°.

117. BITAUBÉ. JOSEPH, poème. — *Paris*, *Grimprelle*, 1830, in-18.

118. BLANC (LE). Historiographe des bâtiments du roi. LETTRES. — *Amsterdam*, 1751, 3 vol. in-12.

119. BLANQUI, aîné. HISTOIRE DE L'ÉCONOMIE POLITIQUE EN EUROPE. — *Paris, Guillaumin*, 1845, 2 vol. in-8°.

120. BLASERNA (P.). LE SON ET LA MUSIQUE. — *Paris*, *Germer-Baillère*, 1879, in-8°.

121. BLOND (LE). ELÉMENTS DE FORTIFICATION. — *Paris*, *Ch. Ant. Jombert*, 1756, in-12.

122. BLOUET (ABEL). RESTAURATION DES THERMES D'ANTONIN CARIACALLA à Rome. — *Paris*, *Firmin-Didot*, 1828, in-fol.

123. BOCCACE (JEAN). LA FIAMMETTE AMOUREUSE. — *Paris*, *Claude Cramoisy*, 1622, in-12.

124. BOILEAU DESPRÉAUX. ŒUVRES DIVERSES, avec le traité du sublîme dans le discours, traduit du grec de Longin. — *Paris*, *Denys-Thierry*, 1701, in-4°.

125. BOILEAU (Œuvres de). — *Paris*, *Grimprelle*, 1829. 2 vol. in-8°.

126. BOINVILLIERS (J.-E.-J.-F.). Dictionnaire des Commerçants, français-latin. — *Paris*, *Aug. Delalain*, 1805, in-8°.

127. BOIS (L. DU). HISTOIRE DE LISIEUX et de l'arrondissement. — *Lisieux*, *Durand*, 1845, 2 vol. in-8°.

127 *bis*. BOJARDO (MATTEO-M.). ORLANDO INNAMORATO, refato da Francesco Berni. — *Milano*, 1806, 4 vol. in-8°.

128. BOMBELLES (DE). Nouveaux mémoires sur le SERVICE JOURNALIER DE L'INFANTERIE. — *Paris*, *Ve Delatour*, 1746, 2 vol. in-12.

129. BONNEFIN. ECRIN POÉTIQUE de la littérature anglaise. — *Paris*, *L. Hachette*, 1841, in-8°.

130. BORNE-VOLBERT (A.-J.). APHORISMES DE MÉDECINE POSITIVE ET THÉORIE DES RESSEMBLANCES. — *Lausanne*, *Howard-Delisle*, 1877, in-8°.

131. BORNE-VOLBERT. MAXIMES ET OBSERVATIONS SUR LES SCIENCES MORALES. — *Lausanne, Howard-Delisle*, 1877, in-8°.

132. BOSSERT (A.). GOETHE ET SCHILLER. — *Paris, Hachette et Cie*, 1873, in-8°.

133. BOSSERT (A.). LA LITTÉRATURE ALLEMANDE AU MOYEN-AGE. — *Paris*, *Hachette*, 1871, in-8°.

134. BOSSUET. ORAISONS FUNÈBRES. — *Paris*, *P. Didot*, 1802, in-8°.

135. BOSSUET. DÉFENSE de la déclaration de l'assemblée du Clergé de France de 1682. — *Amsterdam*, 1745, 3 vol. in-4°.

136. BOSSUET. DISCOURS SUR L'HISTOIRE UNIVERSELLE. — *Paris*, *P. Didot*, 1817, 2 vol. in-18.

137. BOSSUET. Autre édition. — *Paris, Christophe David*, 1739, 2 vol. in-12.

138. BOSSUET. RECUEIL DES ORAISONS FUNÈBRES. — *Paris*, 1785, in-12.

139. BOST (A.). RECHERCHES SUR LA CONSTITUTION ET LES FORMES DE L'ÉGLISE CHRÉTIENNE. — *Genève, Suz-Guers*, 1835, in-8°.

140. BOTANIQUE (Nouveaux éléments de). — *Paris*, *Grochard*, 1815, in-12.

141. BOUCHARLAT. THÉORIE DES COURBES ET DES SURFACES du second ordre. — *Paris*, *F. Béchet*, 1810, in-8°.

142. BOUCHET (JULES). COMPOSITIONS ANTIQUES. — *Paris*, in-fol.

143. BOUDIN (CH.-M.) ET BLANC. Eléments de STATISTIQUE et de GÉOGRAPHIE GÉNÉRALES. — *Paris*, *Henri Plon*, 1860, in-8°.

144. BOUGEANT (P.). HISTOIRE DU TRAITÉ DE WESTPHALIE. — *Paris*, *Didot*, 1751, 6 vol. in-12.

145. BOUILLET. DICTIONNAIRE UNIVERSEL D'HISTOIRE ET DE GÉOGRAPHIE. — *Paris*, *L. Hachette*, 1854, in-8°.

146. BOULAY-PATY. ODES. — *Paris*, *Coquebert*, 1844, in-8°.

147. BOULY (EUG.). HISTOIRE DE CAMBRAI ET DU CAMBRÉSIS. — *Cambrai*, *Hattu*, 1842, 2 vol. in-8°.

148. BOUNIOL. Le peintre, poëme. — *Paris, Amb. Bray*, 1860, in-18.

149. BOURDÉ DE VILLEHUET. Le manœuvrier, ou essai sur la théorie et la pratique des mouvements du navire et des évolutions navales. — *Paris, Desaint*, 1769, in-8°.

150. BOURDON. Eléments d'algèbre. — *Paris, Bachelier*, 1823, in-8°.

151. BOURDON (Isid.). Illustres médecins et naturalistes des temps modernes. — *Paris*, 1844, in-12.

152. BOURGAULT-DUCOUDRAY. Etudes sur la musique ecclésiastique grecque. — *Paris, Hachette*, 1877, in-8°.

153. BOURSAULT. Lettres nouvelles. — *Paris, Nic. Lebreton*, 1722, 2 vol. in-12.

154. BOUSSET (Pacifique). — Fables et poésies diverses. — *Plancoët*, 1861, in-12.

155. BOUSSET (P.). — Secondes fables et poésies diverses. — *Paris, Vanier*, 1862, in-12.

156. BOYER (A.). — Dictionnaire français-anglais et anglais-français. — *Lyon, J.-M. Bruyset*, 1783, 2 vol. in-8°.

157. BOYS DES GUAYS (Le). Le cheval blanc dont il est parlé dans l'Apocalypse, Ch. XIX. — *Paris, Hartel*, 1843, in-8°.

158. BOYS DES GUAYS (Le). — L'apocalypse dans son sens spirituel. — *Paris, Hartel*, 1841, in-8°.

159. BRAJEUL (L'abbé). Lettres d'un catholique a un protestant. — *Dinan, J.-B. Huart*, 1839, in-8°.

160. BRANTOME. Mémoires. — *Leyde, J. Sambix le Jeune*, 1666, 4 vol. in-12.

161. BRASSEUR DE BOURBOURG. Mission scientifique au Mexique et dans l'Amérique centrale. — *Paris*, 1870, 3 vol. in-4°.

161 (*bis*). Copie d'un BREVET nommant le sieur Duclos historiographe de France. 20 septembre 1750. Signé : Louis.

161 (*ter*). — BREVET qui permet au sieur Duclos, historiographe de France, de voyager en Italie. Année 1766, signé : Louis.

162. BREVIARIUM ROMANUM. — *Rhedonis, Lesné*, 1626, in-4°.

162 *bis*. BRIANT DE LAUBRIÈRE. ARMORIAL GÉNÉRAL DE BRETAGNE. — *Paris, Dumoulin*, 1844, 1 vol. in-8°.

163. BRISPOT (L'abbé). LA VIE DE JÉSUS-CHRIST. — *Paris, Delaroche*, 1853, 2 vol. in-fol.

164. BRISSOT DE WARVILLE. NEW TRAVELS IN THE UNITED STATES of america performed in MDCCLXXXVIII. — *London, Jordan*, 1794, 2 vol. in-8°.

165. BRISSOT-THIVARS. LE GUIDE ÉLECTORAL, ou Biographie politique et législative de tous les députés, pour la session de 1819 à 1820. — *Paris, Leroy*, 1820, in-8°.

165 *bis*. BROUSSAIS (F.-J.-V.). HISTOIRE DES PHEGMASIES, ou Inflammations chroniques. — *Paris, Gabon et Cie*, 1826, 3 vol. in-8°.

166. BRUMOY (Le R. P.). LE THÉATRE DES GRECS. — *Paris*, 1763, 6 vol. in-12.

167. BRUNET DE PRESLE (W). EXAMEN CRITIQUE DE LA SUCCESSION DES DYNASTIES EGYPTIENNES. — *Paris, Firmin-Didot*, 1850, in-8°.

168. BRUYÈRE (LA). LES CARACTÈRES. — *Paris, Dabo*, 1819, 3 vol. in-18.

169. BRUYÈRE (LA). LES CARACTÈRES, suivis des caractères de Théophraste, par le même. — *Paris, Pénafol*, 1822, 2 vol. in-12.

170. BRUYÈRE (LA). LES CARACTÈRES, avec préface de L. LACOUR. — *Paris, libr. des bibliophiles*, 1881, 2 vol. in-16.

171. BUCHON (J. A.). HISTOIRE DES CONQUÊTES ET DE L'ÉTABLISSEMENT DES FRANÇAIS dans les états de l'ancienne Grèce sous les Ville-Hardouin. — *Paris, Jules Renouard*, 1846, in-8°.

172. BUDGET (LE), mis à la portée de tout le monde. — *Dijon, Decailly*, 1849, in-12.

173. BUFFON. ŒUVRES COMPLÈTES. — *Paris, Furne et Cie*, 1838, 6 vol. in-8°.

174. BULLET. MÉMOIRES SUR LA LANGUE CELTIQUE. — *Besançon, Jossaclin*, 1754, 3 vol. 18-4.

175. BULLETIN de la Société Archéologique de Nantes. — *Nantes, Vincent Forest*, 6 num. in-8°.

176. BULLETIN ET MÉMOIRES de la Société Archéologique d'Ille-et-Vilaine. — *Rennes, Ch. Catel*, 6 vol. in-8°.

177. BULLETIN de la Société d'Agriculture et de Commerce de Caen. — *Caen, Le Blanc-Hardel*, 1877-78, 2 vol. in-8°.

178. BURY (DE). HISTOIRE DE LA VIE DE HENRI IV. — *Paris, Saillant*, 1766, 4 vol. in-12.

178 *bis*. BUTLER (SAMUEL). HUDIBRAS, poème écrit dans le temps des troubles d'Angleterre (trad. française). — *Londres*, 1757, 3 vol. in-12.

179. BYRON (Lord). ŒUVRES COMPLÈTES, trad. par PAULIN-PARIS. — *Paris, Dundey-Dupré*, 1830, 13 vol. in-8°.

Boisson (G.) Poëmes bretons, tirés du Barzaz Breiz de M. de la Villemarqué. Paris, Victor Havard 1888. 1 vol. in-8°.

Bigotière (René de la) Commentaires sur la coutume de Bretagne. Rennes P. Garnier 1702. 4 vol. in-4°.

Blant (Edmond). Epigraphie chrétienne en Gaule et dans l'Afrique romaine. Paris, Ernest Leroux 1890. 1 vol. in-8°.

Bourdaloue (Oeuvres compl. de) Versailles, J. A Lebel, 1812. 16 vol. in-8°.

Berthier (P. G. F.) Les pseaumes traduits en français, avec des notes et des réflexions. Avignon, Laurent Aubanel 1817. 8 vol. in-12.

# C

180. CADET. Le mariage en France. — *Paris, Guillaumin et Cie*, 1870, in-8°.

181. CALMET. La Ste Bible, commentaire littéral sur tous les livres de l'ancien et du nouveau Testament. — *Paris*, *P. Emery*, 1715, 26 vol. in-4°.

182. CAMOENS. La Lusiade, traduite par J.-F. La Harpe. — *Paris*, *Laurent-Beaupré*, 1813, 2 vol. in-12.

182 *bis*. CAMP (Max. du). Les Convulsions de Paris. — *Paris*, *Hachette et Cie*, 1883, 4 vol. in-8°.

183. CAMPAN (Mme de). Mémoires sur la vie privée de Marie Antoinette. — *Paris*, *Baudoin*, 1823, 3 vol. in-8°.

184. CAMPE. La découverte de l'Amérique. — *Paris*, *Le Prieur*, 1804, 3 vol. in-12.

185. CAMPISTRON (Œuvres de). — *Paris*, *Th. Guillain*, 1686, in-12.

186. CANDOLLE. Flore française. — *Paris*, *Desray*, 1815, 5 vol. in-8°.

186 *bis*. CAPITULARIA REGUM FRANCORUM (Stephanus-Baluzius). — *Parisiis, Aug. Quillau*, 1780, 2 vol. in-4°.

187. CARACCIOLI (Le marq.). La jouissance de soi-même. — *Francfort*, *Bassompierre*, 1761, in-12.

188. CARNOT. Mémoire adressé au roi en 1814. — *Bruxelles*, 1814, in-18.

188 *bis*. CARTEROMACO (Ricciardetto di Nicolo). — *Orléans*, *L.-P. Couret de Villeneuve*, 1785, 2 vol. in-8°.

188 *ter*. CATEAU-CALLEVILLE (J.-P.-G.). HISTOIRE DES RÉVOLUTIONS DE NORWÈGE. — *Paris*, *Pillet*, 1818, 2 vol. in-8°.

189. CARTES MARINES (37) imprimées par ordre du roi. — *Paris*, *Bellin*, 1754-1756.

190. CARTE MARINE PORTUGAISE, manuscrite, sur parchemin, de 0m95 sur 0m80, ornée de nombreuses roses des vents, armoiries, drapeaux, figures, enluminés (Europe, Afrique et Amérique), de 1632.

191. CASTEL-BLAZE. MOLIÈRE MUSICIEN. — *Paris*, *Castel-Blaze*, 1852, 2 vol. in-8°.

192. CATALOGUE GÉNÉRAL des Cartulaires des archives départementales. — *Paris*, 1848, in-4°.

193. CATALOGUE des bijoux du musée de Napoléon III. — *Paris*, *Firmin-Didot*, 1862, in-12.

194. CATALOGUES OFFICIELS de l'Exposition Universelle de 1851. — *Londres*, *Spicer frères*, 1851, in-8°.

195. CATALOGUE OFFICIEL de l'Exposition Universelle de 1855. — *Paris*, *E. Panis*, 1855, in-8°.

196. CATALOGUES de l'Exposition Universelle de 1878. — *Angleterre*, 4 vol. in-8°.

197. CATÉCHISME DU CONCILE DE TRENTE (Abrégé du). — *Paris*, *Fr. Mathey*, 1736, in-12.

198. CATROU ET ROUILLÉ (Les P.P.). HISTOIRE ROMAINE, depuis la fondation de Rome. — *Paris*, *Jacq. Rollin*, 1725, 21 vol. in-8°.

199. CAUMONT (DE). COURS D'ANTIQUITÉS MONUMENTALES. — *Paris*, *Lance*, 1830, 5 vol. in-8°, avec pl.

200. CAUMONT (DE). BULLETIN MONUMENTAL. — *Paris*, *Derache*, 1840, 6e vol. in-8°.

201. CAYOT-DÉLANDRE. TABLEAU ABRÉGÉ DE L'HISTOIRE DE FRANCE. — *Paris*, *Debure*, 1831, 2 vol. in-8°.

202. CELSI MEDICINÆ. Huit livres sur la médecine. — *Serenus*, *un id.* 1628, in-8°.

203. CENT TRAITÉS. INSTRUCTIONS POUR LE PEUPLE. — *Paris*, *Dubochet*, 1848, 2 vol. in-8°.

204. CHALAMONT DE LA VISCLÈDE (Œuvres de). — *Paris*, 1727, in-12.

205. CHAMP D'ASILE (Le). TABLEAU TOPOGRAPHIQUE ET HISTORIQUE DU TEXAS. — *Paris*, *Ladvocat*, 1819, in-8°.

206. CHAMBRE (Le S[r] DE LA). LES CHARACTÈRES DES PASSIONS. — *Paris*, *Rocolet*, 1640, in-4°.

207. CHAMBRY. VOYAGE DANS LE FINISTÈRE. — *Brest*, *Come*, 1835, in-4°.

208. CHAMPOLLION le Jeune. MONUMENTS DE L'EGYPTE ET DE LA NUBIE. — *Paris*, *Firmin-Didot*, 2 vol. in-4°.

209. CHAMPOLLION-FIGEAC. TRAITÉ ÉLÉMENTAIRE D'ARCHÉOLOGIE. — *Paris*, *Fournier*, 1843, 2 vol. in-16.

210. CHANTREAU (P.-N.). SCIENCE DE L'HISTOIRE. — *Paris*, *Goujon*, *an XI*, 3 vol. in-4°.

211. CHARLET. L'EMPEREUR ET LA GARDE IMPÉRIALE. — *Paris*, *Perrotin*, 1853, in-fol.

212. CHARMES (Gab.). L'AVENIR DE LA TURQUIE. LE PANISLAMISME. — *Paris*, *Calmann*, 1822, in-8°.

213. CHARPENTIER (J.-P.). HISTOIRE DE LA RENAISSANCE DES LETTES EN EUROPE. — *Paris*, *Maire-Nyon*, 1843, 2 vol. in-8°.

214. CHARRIER SAINNEVILLE. COMPTE-RENDU des évènements qui se sont passés à Lyon, du 5 septembre 1816 à la fin d'octobre 1817. — *Paris*, *Tournachon-Molin*, in-18.

215. CHARRON (PIERRE). LA SAGESSE. — *Paris*, *Louis Feugé*, 1646, in-8°.

id. id. . — *Paris*, *Jacq. Le Gras*, 1664, in-12.

216. CHATEAUBRIAND. GÉNIE DU CHRISTIANISME. — *Lyon*, *Ballanche*, *an XIII*, 6 vol. in-16.

217. CHATEAUBRIAND. ITINÉRAIRE DE PARIS A JÉRUSALEM. — *Paris*, *Le Normant*, 1811, 3 vol. in-8°.

217 *bis*. CHATEAUBRIAND. LES MARTYRS. — *Paris*, *Le Normant*, 1822, 2 vol in-8°.

218. CHAUDON (L.-M.) ET DELALANDE. SUPPLÉMENT AU DICTIONNAIRE HISTORIQUE DE 1789. — *Lyon, Bruysset aîné,* 1805, 4 vol. in-8°.

219. CHAUSENQUE. LES PYRÉNÉES. — *Paris, Lecointe et Pougin*, 1834, 2 vol. in-8°.

220. CHENNEVIÈRES-POINTEL. RECHERCHES sur la vie et les ouvrages de quelques peintres provinciaux. — *Paris, Dumoulin*, 1847-62, 4 vol. in-8°.

221. CHESNEAU (ERN.). L'ART ET LES ARTISTES MODERNES EN FRANCE ET EN ANGLETERRE. — *Paris, Didier et Cie*, 1864, in-12.

222. CHESNEAU (ERN.). LES NATIONS RIVALES DANS L'ART. — *Paris, Didier et Cie*, 1868, in-12.

223. CHESNON (C.-G.). ESSAI sur l'histoire naturelle de la Normandie. — *Bayeux, Groult*, 1834, in-8°.

224. CHEVALIER (MICH.). HISTOIRE des voies et communications aux Etats-Unis. — *Paris, Ch. Goslin,* 1840, 2 vol. in-4°, av. atlas.

225. CHEVALIER (L'abbé C.). ETUDES SUR LA TOURAINE : hydrographie, géologie, agronomie, statistique. — *Tours, Guilland-Verger*, 1858, in-8°.

226. CHODZKO (LÉONARD). LA POLOGNE HISTORIQUE, littéraire, monumentale et pittoresque. — *Paris*, 1835-1836, 2 vol. in-4°.

227. CHOISY (L'abbé DE). MÉMOIRES pour servir à l'histoire de Louis XIV. — *Utrecht, Van-de-Vater*, 1727, in-12.

228. CHOIX de rapports, opinions et discours prononcés à la Chambre des députés par B. Constant, Foy, Manuel, Casimir Périer, etc. — *Paris*, 1832, 2 vol. in-8°.

229. CHOMEL (J.-B.). HISTOIRE DES PLANTES USUELLES. — *Paris, Ch. Osmont*, 1712, in-12.

230. CHOMEL (NOEL). DICTIONNAIRE ÉCONOMIQUE, contenant divers moyens d'augmenter son bien et de conserver sa santé. — *Lyon, Bruyset*, 1732, 2 vol. in-4°.

231. CHOMEL (NOEL). DICTIONNAIRE ÉCONOMIQUE, corrigé et augmenté par M. DE LA MARRE. — *Paris, Ganeau*, 1767, 3 vol. in-4°.

232. CHOMPRÉ. DICTIONNAIRE ABRÉGÉ DE LA FABLE. — *Paris, Belin*, in-12.

232 *bis*. CHRÉTIEN DE TROYES ET GODEFROY DE LAIGNY. LE ROMAN DU CHEVALIER DE LA CHARETTE. — *Reims, P. Régnier*, 1849, in-8°.

233. CICÉRI (EUG.). COURS PROGRESSIF DE PAYSAGE. — *Paris, Goupil*, 1857, in-fol.

234. CICERONIS OPERA OMNIA. COLONIÆ. — *P. de la Rouière*, 1616, in-4°.

235. CICÉRON. Dialogue intitulé BRUTUS, trad. par L. GIRY. — *Paris, Aug. Courbé*, 1652, in-12.

236. CICÉRON. LES ORAISONS, trad. par P. DU RYER. — *Paris, Ant. de Sommaville*, 1651, in-12.

237. CICÉRON. ENTRETIENS SUR LES VRAIS BIENS ET SUR LES VRAIS MAUX, trad. par l'abbé RÉGNIER. — *Paris, Jean Musier*, 1721, in-12.

238. CICÉRON (Pensées de). Trad. par l'abbé D'OLLIVET. — *Lyon, Tournachon-Molin*, 1804, in-12.

239. CLARAC (Comte de). MANUEL DE L'HISTOIRE DE L'ART CHEZ LES ANCIENS. — *Paris, Jules Renouard*, 1847, 3 vol. in-12.

240. CLAVEL (VICT.). ARNAULD DE BRESÉIA ET LES ROMAINS DU XIIe SIÈCLE. — *Paris, L. Hachette*, 1868, in-8°.

241. CLÉMENT. LES CINQ ANNÉES LITTÉRAIRES (1748-53). — *La Haye, Ant. de Groot et fils*, 1754, 2 vol. in-12.

242. CLÉMENT (PIERRE). LE GOUVERNEMENT DE LOUIS XIV, ou la Cour, l'Administration, les Finances et le Commerce, de 1683 à 1689. — *Paris, Guillaumin et Cie*, 1848, in-8°.

243. CLÉMENT (PIERRE). HISTOIRE DE LA VIE ET DE L'ADMINISTRATION DE COLBERT. — *Paris, Guillaumin*, 1846, in-8°.

244. CLÉMENT XIV (Lettres intéressantes du pape). — *Paris, Lottin*, 1776, 3 vol. in-12.

245. CLÉZIEUX (ACH. DU). EXIL ET PATRIE. — *Paris, E. Dentu*, 1876, in-18.

246. COBBETT (WILL). LE MAÎTRE D'ANGLAIS. — *Paris, L. Dentré*, 1823, in-8°.

247. COCHERIS (H[te]). HISTOIRE DE LA GRAMMAIRE, origine et

formation des lettres, des mots, préfixes, radicaux et suffixes. — *Paris, Aubeau et Cie*, in-8°.

248. COCHERIS (Hte). ORIGINE ET FORMATION DES NOMS DE LIEU. *Paris, Jles Le Clerc*, 1874, in-8°.

249. COCHET (L'abbé). LES ÉGLISES de l'arrondissement d'Yvetot. — *Paris, Didron*, 1855, in-8°.

250. COCHET (L'abbé). LA SEINE-INFÉRIEURE historique et archéologique. — *Paris, E. Derache*, 1864, in-4°.

251. COCHET (L'abbé). LE TOMBEAU DE CHILDÉRIC Ier, roi des Francs, restitué à l'aide de l'archéologie, etc. — *Paris, Derache*, 1859, in-8°.

252. COHEN (HENRY). DESCRIPTION HISTORIQUE des monnaies frappées sous l'empire romain. — *Paris, Court*, 1859, 7 vol. in-8°.

253. COLBERT (Testament de). — *La Haye, Henry de Bulderin*, 1694, in-12.

254. COLET (LOUISE). PENSEROSU, poësies nouvelles. — *Paris, Deloye*, 1840, in-8°.

255. COLLIGNON (Ed.). TRAITÉ DE MÉCANIQUE. — *Paris, Hachette*, 1873, in-8°.

256. COLLIN D'HARLEVILLE (Œuvres de). — *Paris, A. Hiard*, 1831, 4 vol. in-18.

257. COLOMBIER. PRÉCEPTES sur la santé des gens de guerre, ou l'hygiène militaire. — *Paris, Lacombe*, 1775, in-8°.

258. COLONNE VENDOME et Colonne de la Grande-Armée à Boulogne.

259. COLUMELLE. ECONOMIE RURALE, trad. par SABOUREUX DE LA BONNETTRIE. — *Paris, P. Fr. Didot*, 1772, 4 vol. in-8°.

260. COMBAT (Le) de trente Bretons contre trente Anglais, d'après le manuscrit de la bibliothèque du Roi. — *Paris, Crapelet*, 1827, in-8°.

261. COMÉDIES NOUVELLES (Recueil de). — *Paris, Proult*, 1787, in-8°.

262. COMMENTAIRE (Nouveau) sur les ordonnances du mois d'août 1669 et mars 1673. — *Paris*, *Debure l'aîné*, 1761, in-12.

263. COMMENTAIRE sur l'ordonnance des eaux et forêts du mois d'août 1669. — *Lyon*, *J.-M. Barret*, 1782, in-12.

264. COMMINES (Mémoires de). — *Brusselle, fr. Foppens*, 1723, 2 vol. in-8°.

265. COMMISSION de la propriété littéraire et artistique. — *Paris*, 1863, in-4°.

266. COMPLAINT (The) or, Night-Thoughts on life, death, and immortality. — *London*, *J. Wenman*, 1791, in-12.

267. COMPTES (Les) DU MONDE ADVENTUREUX. — *Paris*, *Vinct Sertenas*, 1555, in-8°.

268. CONCORDANTIÆ SACRORUM BIBLIORUM, vulgatæ éditionis. — *Antverpiæ*, *J.-B. Verdussem*, M.D.CCXXXIII.

269. CONDILLAC. LA LOGIQUE ou les premiers développements de l'art de penser. — *Paris*, *Guillaume*, 1807, in-12.

270. CONFÉRENCES D'ANGERS SUR LES PÉCHÉS. — 1778, in-12.

271. CONGRÈS MÉDICAL DE FRANCE (Actes du). — Session de 1845. — *Paris*, 1846, 1 vol. in-8°.

272. CONGRÈS SCIENTIFIQUE DE FRANCE, tenu à Rennes en septembre 1849. — *Rennes*, 1850, 2 vol. in-8°.

273. CONGRÈS SCIENTIFIQUE DE FRANCE, tenu à Caen en 1833. — *Rouen*, *Nicétas Périaux*, 1833, in-8°.

274. CONQUÊTE DE JÉRUSALEM, composée par le pèlerin RICHARD, publiée par Hippeau. — *Paris, Aug. Aubry*, 1868, in-8°.

275. CONSEILS (Les) DE LA SAGESSE ou le Recueil des Maximes de Salomon. — *Paris, Séb. Marbre-Cramoisy*, 1678, 2 vol. in-12.

276. CONSEILS GÉNÉRAUX de l'Agriculture et du Commerce (1841-42). — *Paris*, 1845, in-4°.

277. CONSTITUTION UNIGENITUS (La) adressée à un laïque de province. — 1748, in-12.

278. CONTRIBUTION FONCIÈRE (Loi sur la) du 1er décembre 1790, in-4°.

279. CONVERSATIONS sur plusieurs sujets de morale. — *Paris, Lamesle*, 1733, in-12.

280. COOPER (FÉN.). Œuvres complètes, trad. par DEFAUCONPRET. — *Paris, Furne*, 1830, 10 vol. in-8°.

281. COQUELIN. LE MANUEL D'EPICTÈTE. — *Paris, Clde Barbin*, 1688, in-12.

282. CORDON DE PERCEL. DE L'USAGE DES ROMANS. — *Amsterdam, Ve Poilras,* 1734, 2 vol. in-12.

283. CORMON (BARTH.). ELÉMENTS DE LA LANGUE ESPAGNOLE. — *Lyon, B. Cormon,* 1810, in-8°.

284. CORNEILLE (HENRY). PARADOXE sur l'incertitude, vanité et abus des sciences. — 1603, in-12.

285. CORNEILLE (P.). Œuvres complètes. — *Paris, Ladrange*, 1827, 12 vol. in-8°.

286. CORNEILLE (P.). Œuvres complètes. — *Paris, Nyon*, 1758, 10 vol. in-12.

287. CORNEILLE (Théâtre de). — *Paris*, 1664, in-4°.

287 *bis*. CORNEILLE (THOM.). DICTIONNAIRE UNIVERSEL GÉOGRAPHIQUE ET HISTORIQUE. — *Paris, J.-B. Coignard*, 1708, 3 vol. in-4°.

288. CORNELIUS NEPOS. VIES DES GRANDS CAPITAINES DE L'ANTIQUITÉ, trad. par l'abbé PAUL. — *Paris, J. Barbou*, 1781, in-12.

289. CORNULIER (E. DE). DU DROIT DE TESTER. — *Orléans, Herluison*, 1873, in-12.

290. CORPS D'OBSERVATIONS de la Société d'Agriculture, de Commerce et des Arts, établie par les Etats de Bretagne. — *Rennes, Jacq. Vatar*, 1760, 2 vol. in-8°.

291. CORRESPONDANCE trouvée le 2 floréal, an V, à Offembourg, dans les fourgons du général Klinglin. — *Paris, an VI,* 2 vol. in-8°.

292. COSTE (PASCAL). MONUMENTS MODERNES DE LA PERSE. — *Paris, A. Morel,* 1866, in-fol. avec planches.

293. COULVIER-GRAVIER. Recherches sur les météores et sur les lois qui les régissent. — *Paris*, *Maillet-Bachelier*, 1859, 1 vol. in-8°.

294. COURIER (P.-L.). Œuvres, avec préface, par F. Sarcey. — *Paris*, 1877, 3 vol. in-16.

295. COUSIN-DESPRÉAUX (L.). Les leçons de la nature. — *Paris*, *Ve Nyon*, 1805, 4 vol. in-12.

296. COUSIN (Vict.). Des pensées de Pacal. — *Paris*, *Ladranze*, 1844, 1 vol. in-8°.

296 *bis*. COXE (William). Histoire de la Maison d'Autriche, depuis Rodolphe de Hapsbourg jusqu'à la mort de Léopold II, trad. par P.-F. Henry. — *Paris*, *Nicolle*, 1809, 5 vol. in-8°.

297. CRÉBILLON (Œuvres de). — *Paris*, *libr. associés*, 1772, 3 vol. in-12.

id. id. . — *Paris*, 1775, 2 vol. in-12.

298. CROZES (Hte). Monographie de la cathédrale de Ste-Cécile d'Alby. — *Toulouse*, *Delbot*, 1873, in-24.

299. CURIOSITÉS SCIENTIFIQUES (Les) de l'année 1867. — *Paris*, *Delagrave*, 1868, in-16.

300. CUVIER. Rapport historique sur les progrès des sciences naturelles depuis 1789. — *Paris*, 1810, in-8°.

301. CUVIER. Anatomie comparée. — *Paris*, *Dusaq*, in-fol.

302. CYCLOPÆDIA : or, an universal dictionary of arts and sciences. — *London*, 1750, 2 vol. in-fol.

303. CYRANO-BERGERAC (Œuvres de). — *Paris*, *Ch. de Sercy*, 1676, 2 vol. in-12.

— Clément (Félix) Chants de la Sainte-Chapelle. Paris, Vict. Didron 1849, 1 vol. in-4°.
Catalogue des ouvrages légués à la bibliothèque comm.le de Lille par le Marquis de Godefroy de Menilglaise. Lille, L. Danel 1893. 2 vol. in-8°.

# D

304. DACIER. Rapport historique sur les progrès de l'histoire et de la littérature ancienne. — *Paris*, 1810, in-8°.

305. DAMAS-HINARD. Napoléon, ses opinions et jugements sur les hommes et sur les choses. — *Paris*, *Paulin*, 1838, 2 vol. in-8°.

306. DAMAS-HINARD. La Fontaine et Buffon. — *Paris*, *Perotin*, 1861, 1 vol. in-18.

307. DANGEL (J.-F.). De l'influence des voyages sur l'homme et sur ses maladies. — *Paris, J.-B. Baillère*, 1846, 1 vol. in-8°.

308. DANIEL (Le P. G.). Abrégé de l'histoire de France. — *Paris, libr. associés*, 1751, 12 vol. in-12.

308 *bis*. DANIEL. Catalogue des coquilles de Bretagne. — *Dinan*, *J.-B. Huart*, 1854, 1 vol.

309. DANTE (Œuvres de), trad. par Sébastien Rhéal. — *Paris*, 1843, 3 vol. in-4°.

310. DANTÈS (Alf.). Dictionnaire biographique et bibliographique. — *Paris, Aug. Boyer*, 1875, in-8°.

311. DANTIER (Alph.). L'Italie, études historiques. — *Paris*, *Didier et Cie*, 1874, 2 vol. in-8°.

312. DAREMBERG (Ch.). La Médecine, histoire et doctrines. — *Paris*, *Didier et Cie*, 1865, 1 vol. in-8°.

313. DARESTE DE LA CHAVANNE. Histoire de l'Administration en France et des progrès du pouvoir royal. — *Paris*, *Guillaumin et Cie*, 1848, 2 vol. in-8°.

314. DAVAINE (C.). Traité des entozvaires et des maladies ver-

mineuses de l'homme et des animaux. — *Paris*, *J.-B. Baillère et fils*, 1860, un vol. in-8°.

314 *bis*. DAVID (J.-L.-Jules). Le peintre Louis David (1748-1825). — Souvenirs et documents inédits. — *Paris, Victor Havard*, 1880, un vol. in-4°.

314 *ter*. DÉCLARATION DES DROITS DE L'HOMME (Constitution de la République de 1792).

315. DELAMBRE. Rapport historique sur les progrès des Sciences mathématiques depuis 1789. — *Paris*, 1810, in-8°.

316. DELAPORTE (L'abbé). Le voyageur français. — *Paris*, *Cellot*, 1769, 20 vol. in-12.

317. DELAROCHE (A.-L.). Les trésors de l'histoire et de la morale. — *Paris*, *Le Prieur*, 1811, in-12.

318. DELAUNAY. Rapport sur les progrès de l'astronomie. — *Paris*, 1867, in-8°.

319. DELAVIGNE (A.). Manuel complet du baccalauréat ès-lettres. — *Paris*, *Fortin*, 1846, in-8°.

320. DELAVIGNE (Cas.). Œuvres complètes. — *Paris*, *Delloye*, 1836, in-4°.

321. DELAVIGNE (Cas.). Marino Faliero. — *Paris*, *Ladvocat*, 1829, in-8°.

322. DELAVIGNE (Cas.). La popularité, comédie en cinq actes, en vers. — *Paris*, *H. Delloye*, 1839, in-8°.

323. DELILLE (J.). La gastronomie ou l'homme des champs à table. — *Paris*, *Giguet*, 1803, in-12.

324. DELISLE (Léop.). Les manuscrits du comte d'Ash'burnham. — *Paris*, 1833, in-4°.

325. DELISLE (Léop.). Inventaire des manuscrits français de la bibliothèque nationale. — *Paris*, *H. Champion*, 1876, 3 vol. in-8°.

326. DEMERSAY (Alf.). Histoire du Paraguay et des établissements des jésuites. — *Paris*, *L. Hachette*, 1860, 2 vol. in-8°.

327. DEMOGEOT (J.) et MONTUCCI. De l'enseignement supérieur en Angleterre et en Écosse. — *Paris*, 1870, in-8°.

328. DÉMOSTHÈNE ET CICÉRON. PHILIPPIQUES ET CATILINAIRES, trad. par l'abbé d'OLIVET. — *Paris*, *Piget*, 1744, in-12.

329. DÉMOSTHENIS OPERA, par WŒMEL. — *Paris*, *Ambr. Firmin-Didot*, 1843, 2 vol. in-8°.

330. DEMOUSTIER. LETTRES A EMILIE SUR LA MYTHOLOGIE. — *Paris*, *Martial-Ardant*, 1841, in-8°.

331. DENIS (ALPH.). PROMENADES PITTORESQUES A HYÈRES. — *Toulon*, *Bellue*, 1841, 1 vol. in-8°.

332. DENIS (ERN.). HUSS ET LA GUERRE DES HUSSITES. — *Paris*, *Ern. Leroux*, 1878, 1 vol. in-8°.

333. DENIS (FERD.). CHRONIQUES CHEVALERESQUES DE L'ESPAGNE ET DU PORTUGAL. — *Paris*, *Ledoyen*, 1839, 2 vol. in-8°.

334. DENOUAL DE LA HOUSSAYE. DISSERTATION HISTORIQUE sur Corseult et les Curiosolites. — 1834.

335. DESBORDES-VALMORE (Mme). PAUVRES FLEURS. — *Paris*, *Dumont*, 1839, 1 vol. in-8°.

336. DESCARTES. LES PRINCIPES DE LA PHILOSOPHIE. — *Rouen*, 1698, in-12.

337. DESCRIPTION NAUTIQUE des côtes des Iles-Britanniques. — *Paris*, an XII, 5 vol. in-4°.

338. DESFONTAINES (L'abbé). LE FAUX ARISTARQUE RECONNU. — *Amsterdam*, *Gme le Sincère*, 1733, 1 vol. in-12.

339. DESHOULIÈRES (Œuvres de Mme et de Mlle). — *Paris*, 1790, 2 vol. in-12.

340. DESLANDES. RECUEIL de différents traitez de physique et d'histoires naturelles. — *Paris*, *G. Friex*, 1736, 1 vol. in-12.

341. DESMAZE (CH.). LES MÉTIERS DE PARIS. — *Paris*, *Ern. Leroux*, 1874, 1 vol. in-8°.

342. DESPREZ DE BOISSY. LETTRES SUR LES SPECTACLES. — *Paris*, *Butard*, 1774, 2 vol. in-12.

343. DESTOUCHES (Œuvres de). — *Paris*, *Lefèvre*, 1811, 6 vol. in-8°.

344. DEVILLE (A.). Histoire du chateau et des sires de Tancarville. — *Rouen, Nicétas Périaux*, 1824, in-8°.

345. DEVILLE (A.). Tombeaux de la cathédrale de Rouen. — *Rouen, Nuctas Périaux*, 1833, in-8°.

346. DICTIONARY (A short). English and French with another French et English. — *London, Thom. Basset*, 1700, in-12.

346 *bis*. DICK DE LONLAY. Français et Allemand, histoire.

347. DICTIONNAIRE allemand-français et français-allemand. — *Strasbourg, Amand Konig*, 1874, 2 vol. in-4°.

348. DICTIONNAIRE NÉOLOGIQUE. — 1727, 1 vol. in-12.

349. DICTIONNAIRE UNIVERSEL français et latin. — *Paris, Ve Delaune*, 1743, 6 vol. in-4°.

350. DICTIONNAIRE UNIVERSEL des Arts et des Sciences. — *Avignon, Franç. Girard*, 1753, in-4°.

351. DICTIONNAIRE HISTORIQUE portatif des ordres religieux et militaires. — *Amsterdam, Marc. Mich. Rey*, 1769, in-12.

352. DICTIONNAIRE HISTORIQUE. — *Caen, Ch. Leroy*, 1786, 8 vol. in-8°.

353. DICTIONNAIRE FRANÇAIS. — *Paris, Delamollière*, 1793, 2 vol. in-4°.

354. DICTIONARIUM UNIVERSALE, latino gallicum. — *Paris, A. Delabain*, 1805, 1 vol. in-8°.

355. DICTIONNAIRE DE L'ACADÉMIE. — *Paris, Mme Babo-Burtschert*, 1825, 2 vol. in-4°.

356. DICTIONARIO francez-portuguez, par José de la Fonseca. — *Paris, J.-P. Aillaud*, 1850, 1 vol. in-8°.

357. DICTIONNAIRE chinois-français-latin, in-fol.

357 *bis*. DICTIONNAIRE DES SCIENCES MÉDICALES. — *Paris, C.-L.-F. Panckoucke*, 1812-1822, 59 vol. in-8°.

357 *ter*. DICTIONNAIRE DES SCIENCES MÉDICALES (Journal complétaire du). — *C.-L.-F. Panckoucke*, 1818-1827, 15 vol. in-8°.

358. DIDEROT. Œuvres choisies, avec introd. par Paul Albert. — *Paris, libr. des bibliophiles*, 1877, 6 vol. in-16.

359. DINAN. Registre de fondations pieuses, sur vélin, pour l'église St-Sauveur, commencé en 1344. — 2 vol. in-fol.

359 *bis*. DINAN. Mémoire et vœu particulier de MM. les Maîtres marchands de la ville de Dinan. — *Dinan, Ve de R.-J.-B. Huart*, 1788, in-4°.

360. DINAN AND St-MALO (The), guide. — *Paris, J. Smith*, 1843, in-12.

361. DINAN. Comice central de l'arrondissement, 1840-44. — *Dinan, J.-B. Huart*, 1846, 1 vol. in-8°.

362. DINAN. Copie manuscrite envoyée de Rouen le 8 avril 1879 par M. Goberville, pensionné de l'Etat.

363. DINAN. Album publié par M. Jamet.

364. DINAN. Album offert à l'empereur Napoléon III et à l'impératrice, le 18 août 1856.

365. DINAN. Monographie de l'église St-Sauveur. — *Rennes, Marteville*, 1847, in-fol.

366. DINAN. Annales de la Société d'émulation, années 1862-63. — *J. Bazouge*, 1 vol. in-12.

367. DINAN. Annuaires des années 1832, 33, 34, 35, 38, 48, 49, 50, 51, 52, 54, 55.



368. DINAN. Journal Le Dinannais et l'Union libérale (ancien *Dinannais*), depuis 1836.

369. DINAN. Journal l'Union malouine et dinannaise, depuis 1854.

370. DIODORI SICULI BIBLIOTHECA, par MM. L. Dindorf et Ch. Muller. — *Paris, Ambr. Firmin-Didot*, 1843, 2 vol. in-8°.

370 *bis*. DIOGENIS LAERTI de vitis dogmatis et apophthegmatis erum qui in philosophiæ claruerunt libri X. — *Henr. Stephani*, 1570 1 vol. in-12.

371. DION (Cassius). Histoire romaine, trad. par E. Gros. — *Paris, Firmin-Didot*, 1845, 10 vol. in-8°.

372. DIPLOMES ET CHARTES de l'époque mérovingienne. — *Paris*, *Kœppelin*, 5 livrais. in-fol.

373. DISSERTATION dans laquelle on démontre que la bulle *Unigenitus* n'est ni loi de l'Eglise ni loi de l'Etat. — 1752, 1 vol. in-12.

374. DOMAIRON (Louis). PRINCIPES GÉNÉRAUX DES BELLES LETTRES. — *Paris*, *Moutardier*, 1802, 2 vol. in-8°.

375. DOMAIRON. RHÉTORIQUE FRANÇAISE. — *Paris*, *Déterville*, 1812, 1 vol. in-12.

376. DORAT (Œuvres de). — *Amsterdam*, 1776, 2 vol. in-8°.

377. DOUTRELEAU. ALBUM HISTORIQUE ET PITTORESQUE.

378. DRAPIEZ. TRAITÉ ÉLÉMENTAIRE D'ORNITHOLOGIE ou d'histoire naturelle des oiseaux. — *Paris*, *Mairet et Fournier*, 1842, 1 vol. in-16.

379. DROIT POLITIQUE (Principes du). — *Amsterdam*, *Zach. Châtelain*, 1751, 2 vol. in-12.

380. DROIT CIVIL ROMAIN (Eléments de), selon les institudes de Justinien, arrangées par Heinneccuis, trad. par J.-F. BERTHELOT. — *Paris*, *Tardieu-Denesle*, 1812, 4 vol. in-12.

381. DUBARRY. LE SECRÉTAIRE DE MAIRIE. — *Paris*, *Durand*, 1863, in-8°.

382. DUCHARTRE. RAPPORT sur les progrès de la Botanique physiologique. — *Paris*, 1858, 1 vol. in-8°.

383. DUCHATELLIER (A.). HISTOIRE DE LA RÉVOLUTION dans les départements de l'ancienne Bretagne. — *Paris*, *Desessart*, 1836, 6 vol. in-8°.

384. DUCLOS. CONSIDÉRATIONS SUR LES MŒURS DE CE SIÈCLE. — *Londres*, *Dodsley*, 1769, 1 vol. in-8°.

385. DUCLOS. Œuvres complètes. — *Paris*, *Janet*, 1820, 9 vol. in-8°.

386. DUCLOS. Contes. — *Paris*, *A. Quantin*, 1880, 1 vol. in-8°.

387. DUGUESCLIN (Chronique de), collectionnée par Fr. MICHEL. — *Paris*, *Méquignon Havard*, 1830, in-12.

388. DUHAMEL DU MONCEAU. Suite des EXPÉRIENCES ET

RÉFLEXIONS RELATIVES AU TRAITÉ DE LA CULTURE DES TERRES. — *Paris, Hᵛᵉ-Louis Guérin*, 1752, 1 vol. in-12.

389. DUHAMEL DU MONCEAU. TRAITÉ DES ARBRES FRUITIERS. — *Paris, Saillant*, 1768, 1 vol. in-4°.

390. DULAGUE. PRINCIPES DE LA NAVIGATION. — *Rouen, J. Racine*, 1787, 1 vol. in-8°.

391. DULAGUE. LEÇONS DE NAVIGATION. — *Rouen, J. Racine*, 1791, 1 vol. in-8°.

392. DULARD. LA GRANDEUR DE DIEU DANS LES MERVEILLES DE LA NATURE. — *Paris, Saillant*, 1775, 1 vol. in-12.

392 *bis*. DUMESNIL (ALEXIS). HISTOIRE DE PHILIPPE II, ROI D'ESPAGNE. — *Paris, Delaunay*, 1822, 1 vol. in-8°.

392 *ter*. DUMAS (Le lieutᵗ-colonel F.). LE COMMANDANT GUZMAN. — *Paris, E. Plon, Nourrit et Cⁱᵉ*, 1888, 1 vol. in-8°.

393. DUMONT (LÉON). THÉORIE SCIENTIFIQUE DE LA SENSIBILITÉ. Le plaisir et la peine. — *Paris, Germer-Baillère*, 1875, 1 vol. in-8°.

394. DUNCAN. EXPLICATION NOUVELLE ET MÉCHANIQUE DES ACTIONS ANIMALES. — *Paris, Jean Houry*, 1678, 1 vol. in-12.

395. DUNOYER (Mᵐᵉ). LETTRES HISTORIQUES ET GALANTES DE DEUX DAMES DE CONDITION. — *Amsterdam, J. Ryckhoff*, 1728, 6 vol. in-12.

396. DUPIN. MANUEL DU DROIT PUBLIC ECCLÉSIASTIQUE FRANÇAIS. — *Paris, Videcoq*, 1844, 1 vol. in-18.

397. DUPLESSIS (PH.). Œuvres posthumes. — *Paris, Firmin Didot*, 1853, 5 vol. in-8°.

398. DUPONT. TABLEAUX GÉOLOGIQUES DES TERRAINS. — *Paris*, 1859, 1 vol. in-fol.

399. DUPRAT (F.-A.). PRÉCIS HISTORIQUE SUR L'IMPRIMERIE NATIONALE. — *Paris, B. Duprat*, 1848, 1 vol. in-8°.

400. DUPUIS (ANT.). HISTOIRE DE LA RÉUNION DE LA BRETAGNE A LA FRANCE. — *Paris, Hachette*, 1880, 2 vol. in-8°.

401. DURSON (BALTASARD). COUTUME DU DUCHÉ D'ANJOU. — *Châteaugontier, Jos. Gentil*, 1733, 1 vol. in-8°.

401 *bis.* DURUY (V.). HISTOIRE DES GRECS. — *Paris, Hachette et Cie*, 1883, 2 vol. in-8°.

401 *ter.* DURUY (V.). HISTOIRE DES ROMAINS. — *Paris, Hachette et Cie*, 1888, 7 vol. in-8°.

402. DUSAULX. DE LA PASSION DU JEU. — *Paris*, 1779, 1 vol. in-8°.

403. DUSSIEUX (L.). LES ARTISTES FRANÇAIS A L'ÉTRANGER. — *Paris, Lecoffre*, 1876, 1 vol. in-8°.

404. DUTHILLŒUL. DOUAI ANCIEN ET NOUVEAU. — *Douai, Foucart*, 1860, 1 vol. in-8°.

D[illegible] ([illegible]eopold) Instructions élémentaires et techniques pour la mise et le maintien en ordre des livres d'une bibliothèque Lille, L. Danel 1890. 1 vol. in-8°.

Dictionnaire des cas de conscience. Paris, Saugran, 1730 - 3 vol. in-4°

Delaroche (Paul) Gravures représentant : Napoléon ; (31 Mars 1814) Pic de la Mirandole

# E

405. EDDAS (Les), trad. de l'ancien idiome scandinave, par Mlle R. du Puget. — *Paris, Lenormant*, 1838, 1 vol. in-8°.

406. EDGEWORTH (Miss). Moral tales. — *London, Hunter*, 1821, 3 vol. in-12.

407. ÉGLISE (L') ET L'ÉTAT EN FRANCE sous le règne de Henri IV. — *Paris, Durand*, 1872, 2 vol. in-8°.

408. ÉLOGE HISTORIQUE, ou Vie abrégée de Ste Frémiot de Chantal. — *Paris, Pierre Berton*, 1768, 1 vol. in-12.

409. ÉLOGES lus dans les séances publiques de l'Académie royale de Chirurgie. — *Paris, J.-B. Baillère et fils*, 1859, 1 vol. in-8°.

410. ÉMÉRIC-DAVID. Jupiter. Recherches sur ce Dieu, sur son culte et sur les monuments qui le représentent. — *Paris, imp. roy.*, 1833, 2 vol. in-8°.

411. ENAULT (Louis). Histoire de la littérature des Hindous. — *Paris, A. Durand*, 1860, 1 vol. in-8°.

412. ENCHIRIDUM seu prima clementa juris civilis romani. — — *Paris, Firmin-Didot*, 1812, 1 vol. in-18.

413. ENCYCLOPÉDIE MÉTHODIQUE, par l'abbé Bonnataire. — *Paris, Panckoucke*, 1740, 3 vol. in-8°.

414. ENCYCLOPÉDIE, par une société de gens de lettres, publiée par Diderot et d'Alembert. — *Genève, Pellet*, 1777, 35 vol. in-4°.

415. ENCYCLOPÉDIE MÉTHODIQUE. Histoire naturelle des animaux. — *Paris, Panckoucke*, 1782, 2 vol. in-4°.

416. ENCYCLOPÉDIE MODERNE, par M. COURTIN et par une Société de gens de lettres. — *Paris*, 1824, 26 vol. in-8°.

417. ENCYCLOPÉDIE DU XIX$^e$ SIÈCLE, répertoire universel des Sciences, des Lettres et des Arts, avec la biographie de tous les hommes célèbres. — *Paris*, 1838-53, 28 vol. in-8°.

418. ENQUÊTE AGRICOLE. — 1867, 35 vol. in-4°.

419. ENQUÊTE sur les Bureaux de Bienfaisance. — *Paris*, 1874, 1 vol. in-8°.

420. ENQUÊTE relative à l'Enseignement supérieur. — *Paris*, 1883, 7 vol. in-8°.

421. ENTRETIENS DE CLÉANDRE ET D'EUDOXE sur les Lettres au Provincial. — *Cologne*, *Pierre Marteau*, 1687, 1 vol. in-12.

422. EPIGRAMMATUM ANTHOLOGIA PALATINA, par DUBNER (grec et latin). — *Paris*, *Ambr. Firmin-Didot*, 1844, 2 vol. in-8°.

423. EPISTOLOGRAPHI GRÆCI, par WESTERMAN, HERCHER et BOISSONADE. — *Paris*, *Ambr. Firmin-Didot*, 1873, 1 vol. in-8°.

424. EROTICI SCRIPTORES. Achilles Tatius, Longus, Henophon Ephesius, Heliodorus, Chariton Aphrodisiensis, Antonius Diogenes, Isamblichus, etc. — *Paris*, *Ambr. Firmin-Didot*, 1844, 1 vol. in-8°.

425. ESCHYLE (Théâtre d'), trad. par Francis ROBIN. — *Paris*, *L. Hachette*, 1846, in-18.

426. ESCHYLI ET SOPHOCLIS tragœdiæ et fragmenta. Trad. latine par DINDORF et les fragments, par AHRENS. — *Paris*, *Ambr. Firmin-Didot*, 1842, 2 vol. in-8°.

427. ESPRIT DE GUY PATIN (L'). — *Amsterdam*, *H. Schelter*, 1709, in-12.

428. ESPRIT DES JOURNAUX FRANÇAIS ET ÉTRANGERS. — *Paris*, *V° Valude*, 1791, 2 vol. in-12.

429. ESPRIT (L') DES ORATEURS CHRÉTIENS. — *Paris*, *Dentu*, 1807, 2 vol. in-12.

430. ESPRIT DE LEIBNITZ, ou recueil de pensées choisies. — *Lyon*, *J.-M. Bruyset*, 1772, 2 vol. in-12.

431. ESPRIT (L') DU JUDAÏSME ou examen raisonné de la loi

de Moïse et de son influence sur la religion chrétienne. — *Londres*, 1770, 1 vol. in-8°.

432. ESSAI GÉNÉRAL DE TACTIQUE, précédé d'un discours sur l'état actuel de la politique et de la science militaire en Europe. — *Londres*, *Libr. associés*, 1772, 1 vol. in-8°.

433. ESSAIS sur divers genres de littérature et de morale. — *Paris*, *Briason*, 1735, 1 vol. in-8°.

434. ÉTAT GÉNÉRAL ALPHABÉTIQUE des villes, bourgs, paroisses et communautés de la Bourgogne et des pays de Bresse, Bugey-Valtromey et Gex. — *Dijon*, *Ant. de Fay*, 1760, 1 vol. in-4°.

435. ÉTAT GÉNÉRAL DES POSTES DE FRANCE, dressé pour l'année 1788. — *Paris*, *Philippe-Denys Pierres*, 1788, 1 vol. in-8°.

436. ETIENNEZ (Hte). L'ITALIE A VOL D'OISEAU. — *Paris*, *A. Hauser*, 1849, in-fol.

437. EURIPIDE. HIPPOLYTE, porte-couronne, drame antique avec chœurs, trad. par Séb. RHÉAL (de Césena). — *Paris*, *E. Dentu*, 1858, 1 vol. in-8°.

438. EURIPIDIS FABULÆ, publié par M. Théod. FIX. — *Paris*, *Ambr. Firmin-Didot*, 1844, 1 vol. in-8°.

439. EXILÉ (L'). Journal de littérature italienne ancienne et moderne. — *Paris*, *Pihan Delaforest*, 1832, 5 vol. in-8°.

440. EXPILLY (L'abbé). DICTIONNAIRE géographique, historique et politique des Gaules et de la France. — *Amsterdam*, *Desaint et Saillant*, 1768, 6 vol. in-4°.

441. EXPLICATION DU LIVRE DE LA GENÈSE. — *Paris*, *Fr. Babuty*, 1732, 6 vol. in-12.

442. EXPOSITION HISTORIQUE de toutes les hérisies et les erreurs que l'Eglise a condamnées sur les matières de la grâce et du libre arbitre. — *Paris*, *Nic. Pepic*, 1714, 1 vol. in-12.

443. EYSSELL (A.-P.-TH.). DONEAU, sa vie et ses ouvrages, trad. du latin de l'auteur, par J. SIMONNET. — *Dijon*, *Decailly*, 1860, 1 vol. in-8°.

# F

444. FAGE (Adr. de la). Histoire de la musique et de la danse. — *Paris*, 1844, 2 vol. in-8°.

445. FALCONER. (Will.). The poetical Works. — *London*, 1 vol. in-18.

446. FALLOUX (Le vic^te^ de). Histoire de saint Pie V. — *Paris*, *Sagnier et Bray*, 1844, 1 vol. in-8°.

447. FALLUE (L.). Histoire du chateau de Radepont et de l'abbaye de Fontaine-Guérard. — *Rouen*, *Alf. Péron*, 1851, 1 vol. in-8°.

448. FAMILLE PATRIOTE (La) OU LA FÉDÉRATION, pièce en deux actes. — *Paris*, *V^e^ Duchêne*, 1790, 1 vol. in-8°.

448 *bis*. FANTIN-DESODOARDS (Ant.). Histoire philosophique de la Révolution de France. — *Paris*, *Belin*, 1801, 9 vol. in-8°.

448 *ter*. FAURE (A. Le). Histoire de la guerre franco-allemande de 1870-71. — *Paris*, *Garnier f^res^*, 1886, 2 vol. in-4°.

449. FELLER. Dictionnaire historique. — *Paris*, *Méquignon fils aîné*, 1821, 16 vol. in-8°.

450. FÉNELON. Directions pour la conscience d'un roi. — *Paris*, *frères Etienne*, 1 vol. in-12.

451. FÉNELON. Dialogue des morts. — *Paris*, *Jacq. Estienne*, 1718, 2 vol. in-12.

452. FÉNELON. The aventures of Télémachus the son of Ulysses. — *Dublin*, *Peter Wilson*, 1756, 1 vol. in-12.

453. FÉNELON. Les aventures de Télémaque, en français et en italien. — *Paris, Bossange*, 1807, 2 vol. in-12.

454. FÉNELON. Les aventures de Télémaque. — *Paris, Grimprelle*, 1829, 2 vol. in-18.

455. FÉNELON. Abrégé de la vie des plus illustres philosophes de l'antiquité. — *Riom, J.-C. Salles*, 1808, 1 vol. in-12.

455 *bis*. FERGUSSON (James). Monuments mégalithiques de tous les pays. — *Paris, Haton*, 1878, 1 vol. in-8°.

455 *ter*. FERGUSSON (Adam). Histoire des progrès et de la chute de la République romaine. — *Paris, Nyon*, 1791, 7 vol. in-12.

455 *quat*. FERNET (E.). Traité de physique élémentaire. — *Paris, G. Masson*, 1889, 1 vol. in-8°.

455 *quint*. FERRUCCII (Aloisii-Chrys.). Lyristes christianus seu odarum libri III. — *Florentiæ*, 1 vol. in-12.

456. FEUGÈRE (Léon). Etienne de la Boetie, ami de Montaigne. Etude sur sa vie et ses ouvrages. — *Paris, Jules Labitte*, 1845, 1 vol. in-8°.

457. FEUILLIDE (C. de). Histoire des révolutions de Paris. — *Paris*, 1847, 2 vol. in-8°.

458. FIALON (Eug.). Saint Athanase, étude littéraire. — *Paris, Ern. Thorin*, 1877, 1 vol. in-8°.

458 *bis*. FIELDING (Henry). The history of tom jones e foundling. — *Basil, J.-L. Legrand*, 1791, 4 vol. in-8°.

459. FIÉVÉE (J.). Examen des discussions relatives à la loi des élections pendant la session de 1819. — *Paris, Le Normant*, 1820, 1 vol. in-8°.

460. FIÉVÉE. Quelques réflexions sur les trois premiers mois de l'année 1820. — *Paris, Le Normant*, 1820, 1 vol. in-8°.

460 *bis*. FIGUIER (Louis). L'année scientifique. — *Paris, Hachette*.

461. FILANGIERI (Gaetano). La science de la législation. — *Paris, Cuchet*, 1786, 7 vol. in-8°.

462. FISCHER. PHYSIQUE ET MÉCANIQUE, trad. de l'Allemand par BIOT. — *Paris, Klostermann fils*, 1813, 1 vol. in-8°.

463. FITZ-ADAM (ADAM). LE MONDE. — *Leyde, Elie Luzac*, 1757, 2 vol. in-12.

464. FLACOURT. RELATION DE LA GRANDE ÎLE DE MADAGASCAR. — *Paris, Pierre Bien-Fait*, 1661, 1 vol. in-4°.

465. FLANDIN (EUG.) ET COSTE (PASCAL). VOYAGE DANS LA PERSE ANCIENNE. — *Paris, Gide et Baudry*, 4 vol. in-fol. avec planches.

466. FLANDIN (EUG.) ET COSTE (PASCAL). VOYAGE DANS LA PERSE MODERNE. — *Paris, Gide et Baudry*, 1851, 2 vol. avec planches.

467. FLANDIN (EUG.) ET BOTTA (P.-E.). MONUMENT DE NINIVE. — *Paris, Gide et Cie*, 5 vol. in-fol. avec planches.

468. FLÉCHIER. Oraisons funèbres. — *Paris, Desaint*, 1749, 1 vol. in-12.

469. FLÉCHIER. Œuvres posthumes. — *Paris, Jacq. Estienne*, 1772, 2 vol. in-12.

470. FLEURY (L'abbé). HISTOIRE ECCLÉSIASTIQUE. — *Paris, Emery*, 1724, 40 vol. in-12.

471. FLEURY (L'abbé). DROIT PUBLIC DE FRANCE. — *Paris, Ve Pierres*, 1769, 2 vol. in-12.

472. FLEURY (L'abbé). MŒURS DES ISRAÉLITES ET DES CHRÉTIENS. — *Lille, L. Lefort*, 1809, 1 vol. in-8°.

473. FLEURY (L'abbé). CATÉCHISME HISTORIQUE. — *Dinan, J.-B.-T.-R. Huart*, 1807, 1 vol. in-12.

474. FLORIAN (Œuvres de). — *Paris, Guillaume*, 1805, 2 vol. in-24.

475. FLORIAN. FABLES, suivies de poésies diverses. — *Paris, Grimprelle*, 1829, 1 vol. in-18.

476. FLORIAN. GONZALVE DE CORDOU, ou le Grand Capitaine. — *Paris, Grimprelle*, 1829, 2 vol. in-18.

477. FLORIAN. NUMA POMPILIUS. — *Paris, Grimprelle*, 1829, 1 vol. in-18.

478. FLORUS (L.-A.). ABRÉGÉ DE L'HISTOIRE ROMAINE, trad. par l'abbé PAUL. — *Paris*, *Barbou*, 1774, 1 vol. in-12.

479. FLOURENS (P.). BUFFON. Histoire de ses travaux et de ses idées. — *Paris*, *Paulin*, 1844, 1 vol. in-12.

480. FLOURENS (P.). CUVIER. Histoire de ses travaux. — *Paris*, *Paulin*, 1845, 1 vol. in-12.

481. FLOURENS (P.). FONTENELLE ou de la philosophie moderne relativement aux sciences physiques. — *Paris*, *Paulin*, 1847, 1 vol. in-12.

482. FLOURENS (P.). EXAMEN DE LA PHRÉNOLOGIE. — *Paris*, 1845, in-12.

483. FONTAINE (LA). Fables choisies. — *Paris*, 1743, 1 vol. in-12.

484. FONTAINE (LA). FABLES. — *Vannes*, *J.-M. Galles*, 1793, 1 vol. in-12.

485. FONTAINE (LA). Œuvres inédites, recueillies par Paul LACROIX. — *Paris*, *L. Hachette*, 1863, 1 vol. in-8°.

486. FONTENELLE. Œuvres diverses. — *Amsterdam*, *Estienne Roger*, 1716, 2 vol. in-12.

487. FOREST (Cap^ne TH.). TRAITÉ SUR LES MOUSSONS DE L'INDE. — *Paris*, 1786, 1 vol. in-4°.

488. FORSTER (CH.). LA VIEILLE POLOGNE. — *Paris*, *Brockaus*, 1839, 1 vol. in-4°.

489. FORTIA D'URBAN. RECUEIL DES ITINÉRAIRES ANCIENS. — *Paris*, 1845, 1 vol. in-4°.

490. FOURCY (E. DE). CARTE GÉOLOGIQUE DES CÔTES-DU-NORD. — *Paris*, 1843.

491. FOURMONT (H^the DE). ANNALES UNIVERSELLES, contenant l'histoire du monde, de la création à Jésus-Christ. — *Paris*, *L. Hachette*, 1848, in-fol.

492. FOUX DES BOULEVARDS (LES), comédie en un acte. — *Paris*, 1760, 1 vol. in-8°.

493. FRAGMENTA PHILOSOPHORUM GRÆCORUM, par

M. F. Mullach. — *Paris, Ambr. Firmin-Didot,* 1860, 3 vol. in-8°.

494. FRANC DE POMPIGNAN (Le). Poésies sacrées et philosophiques. — *Paris, Prault,* 1743, 1 vol. in-4°.

495. FRANCE AGRICOLE ET MARCHANDE (La). — *Avignon,* 1762, 2 vol. in-8°.

496. FRÉDÉRIC II, Roi de Prusse. Œuvres posthumes. — *Berlin, Vos et fils,* 1788, 1 vol. in-8°.

496 *bis.* FRÉDÉRIC II, Roi de Prusse (Vie de). — *Strasbourg, J.-G. Treuttel,* 1788, 4 vol. in-8°.

497. FRÉDÉRIC II. — *Paris, Dumaine,* 1869, 1 vol. in-12.

498. FRÉGIER. Histoire de l'administration de la police de Paris. — *Paris, Guillaume et Cie,* 1850, 2 vol. in-8°.

499. FRÉMINVILLE. (Le Chevr de). Antiquités du Finistère. — *Brest, Côme aîné,* 1835, 2 vol. in-8°.

500. FREY DE NEUVILLE (Le P. Ch.). Sermons. — *Paris, L.-N. Moutard,* 1777, 8 vol. in-12.

501. FROISSART (Les chroniques de), avec notes de J.-A.-C. Buchon. — *Paris, A. Desprez,* 1837, 3 vol. in-8°.

502. FROMENTIN (Eug.). Une année dans le Sahel. — *Paris, E. Plon,* 1877, 1 vol. in-8°.

502 *bis.* FUSTEL DE COULANGES. La cité antique. — *Paris, Hachette et Cie,* 1888, 1 vol. in-8°.

503. FUSTER. Des changements dans le climat de la France. — *Paris, Capelle,* 1845, 1 vol. in-8°.

Ferrière (Cl. Jos. de). Dictionnaire de droit et de pratique. Paris, Saugrin fils 1755. 2 vol. in-4°

Fouéré-Macé (l'abbé) Le Prieuré royal de St-Magloire de Léhon. Rennes, Hyac. Caillière, 1892. 1 vol. in-4°.

# G

504. GACON (F.). HISTOIRE CRITIQUE DE LA VIE ET DES OUVRAGES DE M. ROUSSEAU. — *Paris*, 1716, 1 vol. in-12.

505. GAILLARD. HISTOIRE DE LA RIVALITÉ DE LA FRANCE ET DE L'ANGLETERRE. — *Paris*, *Saillant et Nyon*, 1771, 11 vol. in-12.

506. GALERIE D'ETOGES, peinte par J. HÉLART, de Reims, d'après un manuscrit de la Biblioth. du Louvre, brûlé en 1871. — *Paris*, 1871, 1 vol. in-8°.

507. GALERIES HISTORIQUES DU PALAIS DE VERSAILLES. — *Paris*, *Ch. Gavard*, 1845, 16 vol. in-8°.

508. GALLIX ET GUY. HISTOIRE COMPLÈTE ET AUTHENTIQUE DE LOUIS-NAPOLÉON BONAPARTE. — *Paris*, *Moret*, 1852, 1 vol. in-8°.

509. GALLOIS (LÉONARD). HISTOIRE DE LA CONVENTION NATIONALE, d'après elle-même. — *Paris*, *Dutertre*, 1837-48, 8 vol. in-8°.

510. GANNAL (FÉL.). MORT RÉELLE ET MORT APPARENTE. — *Paris*, *Coccoz*, 1868, 1 vol. in-8°.

511. GARABY (J. DE). GUIDE DU JEUNE PHILOSOPHE. — *St-Brieuc*, *Guyon f^res^*, 1847, 1 vol. in-8°.

512. GARABY (J. DE). GUIDE DE PHILOSOPHIE MORALE. — *St-Brieuc*, *Guyon f^res^*, 1844, 1 vol. in-8°.

513. GARABY (J. DE). CATHOLICISME EN ACTION. — *Paris*, *Périsse f^res^*, 1843, 1 vol. in-12.

514. GARABY (J. DE). VIE DES BIENHEUREUX ET DES SAINTS DE BRETAGNE. — *St-Brieuc*, *Prud'homme*, 1839, 1 vol. in-12.

515. GARAT. DE MOREAU. — *Paris*, *Firm. Didot*, 1814, 1 vol. in-8°.

516. GARNIER DE PONT SAINTE MAXENCE. LA VIE DE SAINT-THOMAS, le martyr, avec introduction, par CH. HIPPEAU. — *Paris, Aug. Aubry*, 1859, 1 vol. in-8°.

517. GASPARIN (Le Cte A. DE). LE BONHEUR. — *Paris, Mich. Levy, fr.*, 1872, 1 vol. in-12.

518. GASQUET (Hthe DE). L'USURE DÉMASQUÉE, suivant ses rapports au droit divin. — *Paris, Benoit Morin*, 1788, 2 vol. in-12.

519. GAUCHAT (L'abbé). LETTRES CRITIQUES ou analyse et réfutation de divers écrits contre la Religion. — *Paris, Ch. Hérissant*, 1858, 14 vol. in-12.

520. GAULTIER (L.) LEÇONS DE CHRONOLOGIE ET D'HISTOIRE. — *Paris, A. Renouard*, 1811, 2 vol. in-18.

521. GAULTIER (L'abbé). LEÇONS DE GÉOGRAPHIE. — *Paris, Aug. Renouard*, 1820, 1 vol. in-18.

522. GAULTIER (L'abbé). LEÇONS DE GRAMMAIRE. — *Paris, Renouard*, 1812, 1 vol. in-18.

523. GAUME (L'abbé J.). CATÉCHISME DE PERSÉVÉRANCE. — *Paris, Gaume fr.*, 1843, 8 vol. in-8°.

524. GAVARNI. Œuvres choisies. — *Paris, Hetzel*, 1846, in-fol.

525. GEBHART (ERN.). RABELAIS, la renaissance et la réforme. — *Paris, Hachette*, 1877, 1 vol. in-8°.

526. GÉNIN (F.). DES VARIATIONS DU LANGAGE FRANÇAIS depuis le XIIe siècle. — *Paris, Firm. Didot*, 1845, 1 vol. in-8°.

527. GEOFFROY (A.). ETUDES sur les pamphlets politiques et religieux de MILTON. — *Paris, Desobry et Madgdeleine*, 1848, 1 vol. in-8°.

528. GEOFFROY St-HILAIRE. — ETUDES PROGRESSIVES D'UN NATURALISTE pendant les années 1834-35. — *Paris, Robert*, 1834, 1 vol. in-4°.

529. GÉRANDO (DE). HISTOIRE COMPARÉE DES SYSTÈMES DE PHILOSOPHIE. — *Paris, Ladrange*, 1847, 4 vol. in-8°.

530. GERVAIS (PAUL). ZOOLOGIE ET PALÉONTOLOGIE FRANÇAISES. (Animaux vertébrés). — *Paris, Arthus. Bertrand*, 1848-52, 2 vol. in-4°.

531. GEYER (Erik-G^ve). Histoire de Suède, trad. par J.-F. de Lundblard. — *Paris, Béthume et Plon*, 1844, 1 vol. in-4°.

532. GESLIN DE BOURGOGNE et A. DE BARTHÉLEMY. Anciens évêchés de Bretagne et monuments. — *Paris, Dumoulin*, 1855, 4 vol. in-8°.

533. GIACOMETTI (P.). Judith, tragédie biblique en cinq actes, trad. en vers par Jul. Allevarres. — *Paris*, 1858, 1 vol. in-8°.

534. GIBERT. La réthorique ou les règles de l'éloquence. — *Paris, C.-L. Thiboust*, 1730, 1 vol. in-12.

534 *bis*. GILLIES (John). Histoire de l'ancienne Grèce, trad. en français par M. Carra. — *Paris, Buisson*, 1787, 6 vol. in-8°.

535. GIRARD (O.). France et Chine : vie publique et privée des Chinois anciens et modernes. — *Paris, L. Hachette*, 1869, 2 vol. in-8°.

536. GLADE (P.-V.). Du progrès religieux. — *Paris, Delaunay*, 1838, 3 vol. in-8°.

537. GLAY (Le). Catalogue descriptif des manuscrits de la bibliothèque de Lille. — *Paris, Jul. Renouard*, 1848, in-8°.

538. GOBINEAU (Le C^te de). Histoire des Perses. — *Paris, H. Plon*, 1849, 2 vol. in-8°.

539. GODARD (Jul.). Du bégaiement et de son traitement physiologique. — *Paris, J.-B. Baillère et fils*, 1877, 1 vol. in-8°.

540. GODDÉ (Jul.). Catalogue raisonné d'une collection de livres, pièces et documents relatifs aux beaux-arts. — *Paris, Potier*, 1850, in-8°.

541. GOLDSMITH. The vicar of Wakefield. — *Paris, P. Didot*, 1815, 1 vol. in-12.

542. GOLDSMITH. Le vicaire de Wakefield, trad. par Ch. Nodier. — *Paris, Hetzel*, 1844, 1 vol. in-4°.

543. GOLDSMITH (Ol.). Histoire d'Angleterre, continuée jusqu'en 1815 par Ch. Coote et jusqu'à nos jours par le traducteur, M^me Alex. Aragon. — *Paris, Houdaille*, 1837, 4 vol. in-8°.

544. GOUGET (L'abbé). Histoire de la littérature française. — *Paris, P.-J. Mariette*, 1740, 18 vol. in-12.

545. GOUSSET (Le Cardin.). THÉOLOGIE MORALE à l'usage des Curés et des Confesseurs. — *Paris, Jacq. Lecoffre*, 1858, 2 vol. in-8°.

546. GRACIAN (BALTHASAR). L'HOMME DE COUR, trad. par AMELOT DE LA HOUSSAIE. — *Paris, Vᵉ Martin*, 1687, 1 vol. in-12.

547. GRAND (LE), comédien du roi. Théâtre. — *Paris*, 1742, 4 vol. in-12.

548. GRANDS FIEFS DE LA COURONNE DE FRANCE (Abrégé chronologique des). — *Paris, Desaint et Saillant*, 1759, 1 vol. in-12.

549. GRESSET (Œuvres de). — *Rouen, Veuve P. Dumesnil*, 1782, 1 vol. in-12.

550. GRESSET. Œuvres choisies. — *Paris, Marchand du Breuil*, 1829, 1 vol. in-16.

551. GRESSET. VERT-VERT ou les voyages du perroquet de Nevers. — *Amsterdam*, 1738, 1 vol. in-18.

552. GUDIN (TH.). MARINES dessinées au lavis. — 15 pl. in-fol.

553. GUDIN (TH.). VUES MARITIMES ET PITTORESQUES, 16 pl. — *Paris, Couché.*

554. GUERRE A QUI LA CHERCHE, ou lettres sur quelques-uns de nos grands écrivains. — *Paris, Delaunay*, 1818, 1 vol. in-8°.

555. GUERRE DE SEPT ANS. — 1 vol. in-8°.

556. GUILLETIÈRE (Le sieur DE LA). LACÉDÉMONE ANCIENNE ET NOUVELLE. — *Paris, Trabouillet*, 1689, 2 vol. in-12.

557. GUISE (Le duc DE). MÉMOIRES. — *Paris, Edm. Martin*, 1668, 1 vol. in-12.

558. GUIZOT (F.). DU GOUVERNEMENT DE LA FRANCE depuis la Restauration et du Ministère actuel. — *Paris, Ladvocat*, 1820, 1 vol. in-8°.

559. GUIZOT. MÉMOIRES pour servir à l'histoire de mon temps. — *Paris, Mich. Lévy*, 1875, 8 vol. in-18.

560. GUIZOT. VIE, CORRESPONDANCE ET ÉCRITS DE WASHINGTON. — *Paris, Ch. Gosselin*, 1840, 6 vol. in-8°.

561. GUTHRIE. Abrégé de la géographie universelle. — *Paris*, *H. Langlois*, 1805, 1 vol. in-8°.

# H

562. HABASQUE (Francisque). Un magistrat au xvi<sup>e</sup> siècle. Estienne de la Boëtie. — *Agen, Ferd. Lamy*, 1876, 1 vol. in-8°.

563. HACQUET (Le Docteur). L'Illyrie et la Dalmatie, trad. de l'Allemand par Bretien. — *Paris, Nepveu*, 1815, 2 vol. in-16.

564. HALDAT (De). Examen critique de l'histoire de Jeanne d'Arc. — *Nancy, Grimblot*, 1850, 1 vol. in-8°.

565. HAMILTON. Mémoires du comte de Grammont. — *Paris, F. Dalibon et Cie*, 1830, 2 vol. in-18.

566. HAMMER (De). Histoire de l'empire ottoman, trad. de l'Allemand par M. Dochez. — *Paris, Béthum et Plon*, 1844, 3 vol. in-8°.

567. HARANGUES (Les deux) des habitants de Sarcelles à Mgr l'Archevêque de Paris. — *Aix, J.-B. Girard*, 1731, 1 vol. in-12.

568. HARDION. Histoire universelle. — *Paris, Gme Desprez*, 1756, 20 vol. in-12.

569. HAREMBERG (Arm.). Code naturel de la morale sociale expliquée par la céphalométrie. — *Paris*, 1862, 1 vol. in-8°.

570. HARTFOEKER (Nic.). Essay de dioptrique. — 1694, 1 vol. in-4°.

571. HARTMAN. Les peuples de l'Afrique. — *Paris, Germer Baillère*, 1880, 1 vol. in-8°.

572. HARVEY (W.). Exercitationes de generatione animalium. — *Amstelordami, apud L. Elzevirium*, 1651, 1 vol. in-12.

573. HAUTEVILLE (Envoi de). Histoire de Zénobie, impératrice-reine de Palemyre. — *Paris, f^res Estienne*, 1758, 1 vol. in-12.

574. HAÜY (L'abbé). TABLEAU COMPARATIF des résultats de la cristallographie et de l'analyse chimique. — *Paris, Courcier*, 1809, 1 vol. in-8°.

575. HAY DU CHATELET (PAUL). HISTOIRE DE BERTRAND DUGUESCLIN. — *Paris, Ch. de Sercy*, 1666, 1 vol. in-4°.

576. HEBFFERICH (A.) ET CLERMONT (G. DE). LES COMMUNES FRANÇAISES EN ESPAGNE ET EN PORTUGAL pendant le moyen âge. — *Paris, Aug. Durand*, 1860, 1 vol. in-8°.

577. HENNIN (MICH.). MANUEL DE NUMIMASTIQUE ANCIENNE. — *Paris, Merlin*, 1830, 2 vol. in-8°.

577 *bis*. HENRY (P.-F.). HISTOIRE DE LA MAISON D'AUTRICHE. — *Paris, H. Nicolle*, 1809, 5 vol. in-12.

578. HÉRICAULT (CH. D'). LA RÉVOLUTION DE THERMIDOR. — *Paris, Didier et Cie*, 1876, 1 vol. in-8°.

579. HÉRICOURT (D'). ELÉMENTS DE L'ART MILITAIRE. — *Paris, Gissey*, 1752, 3 vol. in-16.

580. HERSAN (P.-F.-D.). HISTOIRE DE LA VILLE DE GISORS. — *Gisors, Lapierre*, 1858, 1 vol. in-12.

581. HERVIEUX. RECHERCHES SUR LES PREMIERS ÉTATS GÉNÉRAUX. — *Paris, Ern. Thorin*, 1879, 1 vol. in-8°.

582. HEUZEY (L.). LE MONT OLYMPE ET L'ACAMANIE. — *Paris, Firm. Didot*, 1860, 1 vol. in-8°.

583. HISTOIRE DU MARCHAL DE FABERT. — *Amsterdam, H. Desbordes*, 1697, 1 vol. in-12.

584. HISTOIRE DE SUGER, abbé de Saint-Denis. — *Paris, Jean Musier*, 1721, 3 vol. in-12.

585. HISTOIRE DU THÉATRE FRANÇAIS. — *Amsterdam*, 1735, 13 vol, in-12.

586. HISTOIRE DU VAILLANT CHEVALIER TIRAN-LE-BLANC. — *Londres*, 2 vol. in-8°.

587. HISTOIRE DES INQUISITIONS. — *Cologne, Pierre Marteau*, 1759, 2 vol. in-12.

588. HISTOIRE GÉNÉRALE de la naissance et des progrès de la Compagnie de Jésus. — 1761, 5 vol. in-12.

589. HISTOIRE DU THÉATRE DE L'OPÉRA-COMIQUE. — *Paris, Lacombe*, 1769, 2 vol. in-12.

590. HISTOIRE ANCIENNE (Eléments de l'). — *Paris, Le Prieur*, 1807, 2 vol. in-12.

591. HISTOIRE DE FRANCE (Abrégé de l'). — *Paris, Ve Nyon*, 1809, 2 vol. in-12.

592. HISTOIRE CIVILE, RELIGIEUSE ET LITTÉRAIRE DE L'ABBAYE DE LA TRAPPE. — *Paris, Raynal*, 1824, 1 vol. in-8°.

593. HISTOIRE GÉNÉRALE des voyages de découvertes maritimes et continentales, trad. de l'anglais par Joanne et Old. Nick. — *Paris, Paulin*, 1840, 3 vol. in-12.

594. HISTOIRE GÉNÉRALE DE LA MUSIQUE ET DE LA DANSE, in-fol.

595. HISTOIRE PHILOSOPHIQUE ET POLITIQUE des établissements et du commerce des Européens dans les deux Indes. — *La Haye*, 1774, 7 vol. in-8°.

596. HISTOIRE GÉNÉRALE DE LA CHINE, ou annales de cet empire, trad. par le P. Jos.-Anne-Marie de Moyriac de Mailla. — *Paris, Phil.-D. Pierres*, 1777, 3 vol. in-4°.

596 *bis*. HISTOIRE DE LA PRUSSE, depuis le règne de Frédéric II jusqu'au traité de Paris en 1815. — *Paris, A. Bossange*, 1828, 3 vol. in-8°.

596 *ter*. HISTOIRE DE L'EXPÉDITION DE RUSSIE. — *Paris, Pillet aîné*, 1823, 2 vol. in-8°.

596 *quat*. HISTORIÆ FRANCORUM. — *Lutitiæ Parisiorum, Sebastiani Cramoisy*, M.DCXLI, 5 vol. in-4°.

596 *quint*. HITTORFF (J.-J.). Architecture polychrôme chez les Grecs. — *Paris, Firmin-Didot*, 1851, 1 vol. in-4°.

597. HOMÈRE. L'Odyssée, trad. par Mme Dacier. — *Leyde, J. de Welstein et fils*, 1771, 4 vol. in-12.

598. HOMÈRE. L'Iliade et l'Odyssée, trad. par Bitaubé. — *Paris, Dentu*, 1810, 6 vol. in-8°.

599. HOMÈRE. L'Iliade, trad. par Mme Dacier. — *Leyde, J. de Welstein et fils*, 1771, 3 vol. in-12.

600. HOMÈRE. L'ODYSSÉE ET L'ILIADE, trad. par LECONTE DE L'ISLE. — *Paris, Lemère*, 1868, 2 vol. in-8°.

601. HONORAT. DICTIONNAIRE PROVENCAL-FRANÇAIS. — *Digne, Repos*, 1847, 3 vol. in-4°.

602. HORACE. Essai d'une nouvelle traduction d'HORACE. — *Amsterdam, Herman Uytwerf*, 1727, 1 vol. in-12.

603. HOUSSAYE (HENRI). HISTOIRE D'ALCIBIADE ET DE LA RÉPUBLIQUE ATHÉNIENNE. — *Paris, Didier et Cie*, 1874, 2 vol. in-8°.

604. HOUTTEVILLE (L'abbé). LA RELIGION CHRÉTIENNE PROUVÉE PAR LES FAITS. — *Paris, Lemercier*, 1740, 3 vol. in-4°.

605. HUBRARD. HISTOIRE CONTEMPORAINE DE L'ESPAGNE. — *Madrid, Bailly-Baillère*, 1859, 4 vol. in-8°.

606. HUÉROU (J.-M. LE). HISTOIRE DE LA CONSTITUTION ANGLAISE depuis l'avènement de Henri VIII jusqu'à la mort de Charles Ier. — *Nantes, Vt Forest et Grimaud*, 1863, 1 vol. in-8°.

607. HUMBOLD. COSMOS, essai d'une description physique du monde, trad. par H. FAYE. — *Paris, Gide et Cie*, 1847, 4 vol. in-8°.

608. HUXLEY (TH.). L'ECRÉVISSE. — *Paris, Germer-Baillère*, 1888, 1 vol. in-8°.

Habasque (F.) Comment Agen mangeait au temps des derniers Valois. Agen V. Lamy 1887 1 vol.

Hugo (Vict). Notre-Dame de Paris. Paris, C. Marpon et Flammarion. 2 vol. in-12.

Habasque. Notions historiques, géograph., statistiques et agronomiques sur le littoral du département des Côtes-du-Nord. St Brieuc, Vve Guyon, 1832. 2 vol. in-8°.

# I

609. IDEVILLE (H. d'). Monsieur Beulé, souvenirs personnels. — *Paris, Mich. Lévy f^res*, 1874, 1 vol. in-8°.

610. IMBERT. Mœurs administratives. — *Paris, Ladvocat*, 1825, 2 vol. in-12.

611. IMITATIONE CHRISTI. — *Coloniæ, Egmond*, 1675, 1 vol. in-12.

612. INGRES (Œuvres de), gravées au trait, sur acier, par A. Réveil. — *Paris, Firm. Didot*, 1851, in-fol.

613. INSTITUTIONES PHILOSOPHICÆ ad usum seminariorum. — *Tulli, Leucorum, Jos. Carez*, 1777, 4 vol. in-12.

614. INSTRUCTIONS sur les plus importantes vérités de la Religion. — *Dinan, J.-B.-T.-R. Huart*, 1 vol. in-12.

615. INSTRUCTIONS (Nouvelles) pour les Gardes des Eaux et Forêts, Pêches et Chasses. — *Paris, Prault*, 1750, 1 vol. in-12.

616. INSTRUCTION PASTORALE de Mgr le cardinal de Bissy, évêque de Meaux, au sujet de la bulle *Unigenitus*. — *Paris, V^e Raymond*, 1722, 1 vol. in-4°.

617. INVENTAIRE de la collection d'estampes relatives à l'histoire de France, léguée à la Bibliothèque nationale par Mich. Hennin. — *Paris, Picard*, 1881, 4 vol. in-8°.

618. INVENTAIRE des Archives départementales, antérieures à 1789. Côtes-du-Nord. — *Saint-Brieuc, Guyon*, 1869, 1 vol. in-8°.

619. INVENTAIRE des Arrêts du Conseil d'Etat (Règne de Henri IV). — *Paris, Impr. nat^le*, 1886.

Inventaire général des richesses d'art de la France :

Paris. Monuments civils Paris, Plon et Cie 1880

Province. Monuments religieux. Plon et Cie 1886.

Province. Monuments civils. Plon et Cie 1878.

Archives des monuments français Plon et Cie 1883

Ingres. (Gravure d'après) Henri IV et ses ~~enfants~~.

# J

620. JACOBS (J.-B.). ECOLE PRATIQUE DES ACCOUCHEMENTS. — *Paris, Méquignon*, 1785, 1 vol. in-4°.

621. JARDIN DES RACINES GRECQUES (LE), mises en vers français. — *Paris, Ve Claude Thiboude,* 1682, 1 vol. in-12.

622. JARDOT (A.). RÉVOLUTION DES PEUPLES DE L'ASIE MOYENNE. — *Paris, Desessart*, 1832, 2 vol. in-8°.

623. JAUBERT (Le Cte DE). GLOSSAIRE du centre de la France. — *Paris, Chaix et Cie*, 1855, 2 vol. in-8°.

624. JEUNESSE D'ÉTIENNE PASQUIER (LA) ET SA VIE. — *Paris, Jean Petit-Pas*, 1610, 1 vol. in-8°.

625. JOANNIS (LÉON DE). CAMPAGNE PITTORESQUE DU LUXOR. — — *Paris, Mme Huzard*, 1835, 1 vol. in-8°.

626. JOB ET LES PSAUMES, trad. par H. LAURENS. — *Montauban, Roussielgue-Rusand*, 1839, 1 vol. in-8°.

627. JOB (Le livre de), traduit par BAOUR LORMIAN. — *Paris, Lallemand-Lépine*, 1847, 1 vol. in-8°.

628. JOHANNOT (TONY). ILLUSTRATION DE WERTHE. — *Paris*, 1844, in-fol.

629. JOINVILLE (JEAN, Sire DE). HISTOIRE DE SAINT LOUIS. — *Paris, Séb. Mabre-Cramoisy*, 1668, 1 vol. in-4°.

630. JOLY (N.). L'HOMME AVANT LES MÉTAUX. — *Paris, Germer-Baillère*, 1880, 1 vol. in-8°.

631. JOLY (DE). PENSÉES DE MARC-AURÈLE. — *Paris, Cellot*, 1773, 1 vol. in-12.

632. JOSEPH (P.). LES MOINES TRAVESTIS. — *Cologne, P. du Marteau*, 1698, 2 vol. in-12.

633. JOURDAIN (CH.). LE BUDGET DES CULTES EN FRANCE. — *Paris, Hachette*, 1859, 1 vol. in-8°.

634. JOURNAL DES AUDIENCES ET ARRÊTS DU PARLEMENT DE BRETAGNE. — *Rennes, G^me Vatar*, 1737, 5 vol. in-4°.

635. JOURNAL DES CONNAISSANCES MÉDICO-CHIRURGICALES. — 1833-1842, 5 vol. in-4°.

636. JOURNAL DE L'AGRICULTURE (1868-69-70). — 9 vol. in-8°.

637. JOURNAL OFFICIEL, depuis 1871.

638. JUBINAL (ACH.). EXPLICATION DE LA DANSE DES MORTS DE LA CHAISE-DIEU. — *Paris, Challamel*, 1841, 1 vol. in-4°.

639. JUSTIFICATION DES DISCOURS ET DE L'HISTOIRE ECCLÉSIASTIQUE de l'abbé FLEURY. — 1736, 2 vol. in-12.

640. JUVÉNAL ET PERSE (Satires de), trad. par JULES LACROIX. — *Paris, Firm. Didot frères*, 1846, 1 vol. in-8°.

641. JUVENALIS ET AULI PERSII FLACCI SATIRÆ. — *Mediolani per Aloysium Mussi*, MDCCCVII, in-fol.

Juvénal (Satires de) trad. par Jules Lacroix Paris, Hachette et Cie 1882. 1 vol. in-8°.

Jolivet (Benj.) Arrondissement de Dinan. Guingamp, B. Jolivet 1854.

# K

642. KAEMTZ. Cours complet de météorologie, trad. par Ch. Martins. — *Paris, Paulin*, 1843, 1 vol. in-12.

643. KARR (Alph.). Les Guêpes. — *Paris*, 1840, 11 numéros.

644. KEEPSAKE AVRANCHINAIS. — *Avranches, H. Hambis*, 1863, 1 vol. in-8°.

# L

645. LABAT (Le P.). Voyages en Espagne et en Italie. — *Paris*, *J.-B. Delespine*, 1730, 8 vol. in-12.

646. LABAUME (Eug.). Campagne de Russie. — *Paris*, *Rey et Gravier*, 1816, 1 vol. in-8°.

647. LABAUME (Eug.). Histoire monarchique et constitutionnelle de la Révolution Française. — *Paris*, *Anselin*, 1834, 5 vol. in-8°.

648. LABORDE (Léon) et LINANT. Voyage de l'Arabie Pétrée. — *Paris*, *Girard*, 1830, in-fol.

649. LACHAMBAUDIE (Pierre). Fables. — *Paris*, *Perrotin*, 1844, 1 vol. in-8°.

650. LACROIX. Eléments d'Algèbre. — *Paris*, *Ve Courcier*, 1812, in-8°.

651. LACROIX. Traité élémentaire de calcul différentiel et de calcul intégral. — *Paris*, *Ve Courcier*, 1820, 1 vol. in-8°.

652. LADIMIR et MOREAU. Histoire des guerres de la Révolution, de 1792 à 1798. — *Paris*, *libr. popre*, 1858, 1 vol. in-8°.

653. LADIMIR et MOREAU. Histoire des guerres de la République et de l'Empire. Campagnes de la Grande-Armée. — *Paris*, 1858, 1 vol. in-8°.

654. LADIMIR et MOREAU. Histoire de la guerre de Russie et de la campagne de 1813 en Allemagne, en Italie et en France. — *Paris*, *B. Renault*, 1858, 1 vol. in-18.

655. LADIMIR et MOREAU. Histoire des campagnes de

France et d'Italie en 1814 et 1815. — *Paris, B. Renault*, 1858, 1 vol. in-8°.

656. LAFFORGUE. Histoire de la ville d'Auch, depuis les Romains jusqu'en 1789. — *Auch, L.-A. Brun*, 1851, 2 vol. in-8°.

657. LAFON LABATUT. Insomnies et regrets. — *Paris, Furne et Cie*, 1845, 1 vol. in-18.

658. LAHARPE (J.-F.). Lycée ou cours de littérature ancienne et moderne. — *Paris, H. Hagasse*, 1813, 2 vol. in-12.

659. LAJART (Fél.). Recherches sur le culte de Mithra. — *Paris*, 1867, 1 vol. in-4° avec pl.

660. LALAISSE (Hte) et BENOIST. Galerie armoricaine. Costumes et vues pittoresques de la Bretagne. — *Nantes, Charpentier*, in-fol.

661. LALANDE (Jér.). Abrégé d'astronomie. — *Paris, Firm. Didot*, 1795, 1 vol. in-8°.

662. LALORE (Ch.). Le trésor de Clairvaux du xiie au xviiie siècle. — *Paris, Ern. Thorin*, 1875, 1 vol. in-8°.

663. LAMARTINE (De). Cours familier de littérature. — *Paris*, 1856, 2 vol. in-8°.

664. LAMARTINE (De). Histoire des Girondins. — *Paris, Furne*, 1857, 8 vol. in-8°.

665. LAMARTINE (De). Œuvres complètes. — *Paris, Ch. Gosselin*, 1836, 8 vol. in-8°.

666. LAMENNAIS (De). Affaires de Rome. — *Paris, Couleux*, 1836, 1 vol. in-16.

667. LAMENNAIS (De). Paroles d'un croyant. — *Paris*, 1877, 1 vol. in-16.

668. LAMOUROUX (J.-P.). Traité élémentaire de phytographie ou d'histoire naturelle des plantes. — *Paris, Mairet et Fournier*, 1842, 1 vol. in-32.

669. LANDAIS (Napoléon). Dictionnaire général et grammatical des dictionnaires français. — *Paris, Didier*, 1840, 2 vol. in-4°.

670. LANJUINAIS (De). Le monarque accompli. — *Lauzanne, J.-P. Eurach*, 1774, 3 vol. in-8°.

671. LAROMIGUIÈRE. LEÇONS DE PHILOSOPHIE sur les principes de l'intelligence. — *Paris*, *H. Fournier*, 1844, 2 vol. in-12.

672. LAS-CASES (LE C^te^ DE). MÉMORIAL DE S^te^-HÉLÈNE. — *Paris*, *Barbezat*, 1830, 21 vol. in-18.

673. LATINI SERMONIS VELUSTIORIS RELIQUIÆ SELECTÆ. — *Paris*, *Hachette*, 1843, 1 vol. in-8°.

674. LAUGEL (AUG.). L'ANGLETERRE POLITIQUE ET SOCIALE. — *Paris*, *Hachette*, 1873, 1 vol. in-8°.

675. LAUJON (A.-P.-M.). PRÉCIS HISTORIQUE DE LA DERNIÈRE EXPÉDITION DE S^t^-DOMINGUE. — *Paris*, *Delafolie*, in-8°.

676. LAURANT (AUG.). HISTOIRE DES BAROMÈTRES ET MANOMÈTRES ANÉROÏDES. — *Paris*, *Dentu*, 1867, 1 vol. in-8°.

677. LAURÉAU. HISTOIRE DE FRANCE AVANT CLOVIS. — *Paris*, *Nyon*, 1789, 2 vol. in-12.

678. LAVALLÉE (THÉOP.). HISTOIRE DES FRANÇAIS. — *Paris*, *Hetzel*, 1845, 2 vol. in-4°.

679. LAVEAUX (J.-CH.). HISTOIRE DE L'ORIGINE, DES PROGRÈS ET DE LA DÉCADENCE DE LA GRÈCE. — *Paris*, *Laveaux et C^ie^*, an VII, 5 vol. in-8°.

680. LAYA (ALEX.). DROIT ANGLAIS ou résumé de la législation anglaise sous forme de codes. — *Paris*, *Ch. Lambert*, 1845, 2 vol. in-8°.

681. LAYETTES DU TRÉSOR DES CHARTES. — *Paris*, *Plon et C^ie^*, 1875, 3 vol. in-4°.

682. LAZARE (FIL. ET LOUIS.). NOMENCLATURE des rues, boulevards, quais, etc., de la ville de Paris. — *Paris*, 1860, 1 vol. in-8°.

683. LECLERC. TABLEAUX STATISTIQUES DES PERTES DES ARMÉES ALLEMANDES EN 1870-71. — *Paris*, *J. Dumaine*, 1873, 2 vol. in-4°.

684. LAMBERT LE COURT ET ALEXANDRE DE BERNAY. ALEXANDRIADE ou chanson de geste d'Alexandre-le-Grand, épopée romane du XII^e^ siècle. — *Dinan*, *J.-B. Huart*, 1861, 1 vol. in-12.

685. LEFORT (JOS.). COURS ÉLÉMENTAIRE DE DROIT CRIMINEL. — *Paris*, *Ern. Thorin*, 1877, 1 vol. in-8°.

686. LÉGISLATION DU DIVORCE. — *Londres*, 1769, 1 vol. in-8°.

687. LEJEUNE (THÉOD.). GUIDE THÉORIQUE ET PRATIQUE de l'amateur de tableaux. — *Paris*, *Ve Jules Renouard*, 1844, 3 vol. in-8°.

688. LEMOINE. PRINCIPES DE GÉOGRAPHIE. — *Paris, Belin*, 1874, 1 vol. in-12.

689. LEMERY. TRAITÉ DE L'ANTIMOINE. — *Paris*, *Jean Boudot*, 1707, 1 vol. in-12.

690. LENAIN DE TILLEMONT. MÉMOIRES pour servir à l'histoire ecclésiastique des six premiers siècles. — *Paris*, *Ch. Robustel*, 1701, 16 vol. in-4°.

691. LENOIR (AL.). ANTIQUITÉS MEXICAINES. — *Paris, J. Didot*, 1834, in-fol.

692. LENOIR (ALB.). STATISTIQUE MONUMENTALE DE PARIS. — *Paris*, 1867, in-fol.

693. LEPAGE (H.) ET CHARTON (CH.). LE DÉPARTEMENT DES VOSGES. — *Nancy*, *Peiffer*, 1845, 2 vol. in-8°.

694. LESSEING (G.-E.). THÉATRE COMPLET, traduit par FÉL. SALLES. — *Paris*, *A. Lacroix*, 1870, 3 vol. in-18.

695. LETTRES sur quelques écrits de ce temps. — *Genève*, 1749, 2 vol. in-12.

696. LETTRES édifiantes et curieuses de trois évêques. — 1784, in-12.

697. LETTRES écrites de Suisse, d'Italie et de Sicile, et de Malthe. — *Amsterdam*, 1780, 6 vol. in-12.

698. LETTRES adressées au baron Gérard, peintre d'histoire. — *Paris*, *A. Quantin*, 1886, 2 vol. in-8°.

699. LEURIDAN (TH.). HISTOIRE DES SEIGNEURS ET DE LA SEIGNEURIE DE ROUBAIX. — *Paris*, *A. Aubry*, 1862, 3 vol. in-8°.

700. LÉVESQUE (P.-C.). HISTOIRE DE LA RÉPUBLIQUE ROMAINE. — *Paris*, *Dentu*, 1807, 3 vol. in-8°.

701. LEVOT (P.). BIOGRAPHIE BRETONNE. — *Vannes*, *Cauderan*, 1852, 2 vol. in-4°.

702. LEYMARIE (A.). HISTOIRE DU LIMOUSIN. — *Paris*, *Dumoulin*, 2 vol. in-8°.

703. LÉZARDIÈRE (Mlle DE). THÉORIE DES LOIS POLITIQUES DE LA MONARCHIE FRANÇAISE. — *Paris*, 1844, 4 vol. in-8°.

704. LICHTEMBERGER. ETUDES SUR LES POÉSIES LYRIQUES DE GOETHE. — *Paris, Hachette et Cie*, 1878, 1 vol. in-8°.

705. LIGER. ACADÉMIE DES JEUX HISTORIQUES. — *Paris, Le Gras*, 1718, 1 vol. in-12.

706. LINDLEY-MURAY. ENGLISH GRAMMAR. — *Parck*, 1824, 1 vol. in-12.

707. LITTRÉ. DICTIONNAIRE DE LA LANGUE FRANÇAISE. — *Paris, Hachette et Cie*, 1873-84, 5 vol. in-4°.

708. LIVET (CH.-L.). LA GRAMMAIRE FRANÇAISE ET LES GRAMMAIRIENS DU XVIe SIÈCLE. — *Paris, Didier et Cie*, 1859, 1 vol. in-8°.

709. LIVING POETS (THE) OF ENGLAND. — *Paris, Baudry*, 1827, 2 vol. in-8°.

710. LIVRE (LE) DE JOB, trad. par BAOUR-LORMIAN. — *Paris, Lallemand-Lépine*, 1847, 1 vol. in-8°.

711. LOBINEAU (DOM.). HISTOIRE DE BRETAGNE. — *Paris, Ve Fr. Muguet*, 1804, 2 vol. in-4°.

712. LOCK (FR.) ET COULY D'ARAGON. PRIX DE VERTU fondés par M. DE MONTHYON. — *Paris, Garnier fres*, 1858, 2 vol. in-12.

713. LOUIS XIV. — *Paris, Dumaine*, 1869, 1 vol. in-12.

714. LOUVOIS. TESTAMENT POLITIQUE. — *Cologne, Le Politique*, 1695, 1 vol. in-12.

715. LUCAS (Le sieur PAUL). VOYAGE dans la Grèce, l'Asie mineure, la Macédoine et l'Afrique. — *Paris, Nicol. Simart*, 1712, 2 vol. in-12.

716. LUCAS (Hte). THÉATRE ESPAGNOL. — *Paris, Mich. Lévy*, 1851, in-8°.

717. LUCIANI SAMOSTENSIS OPERA, par M. GUILL. DINDORF. — *Paris, Ambr. Firmin-Didot*, 1842, 1 vol. in-8°.

718. LUDEN. HISTOIRE D'ALLEMAGNE, trad. par AUG. SAVAGNER. — *Paris, Bethume et Plon*, 1844, 5 vol. in-8°.

719. LUNEAU DE BOISGERMAIN. Cours de langue anglaise. — 1784, 2 vol. in-8°.

720. LUYS (J.). Le cerveau et ses fonctions. — *Paris, Germer-Baillère*, 1879, 1 vol. in-8°.

# M

721. MABLY (L'abbé). OBSERVATIONS SUR L'HISTOIRE DE FRANCE. — *Genève*, 1765, 2 vol. in-12.

722. id. revue par M. GUIZOT. — *Paris*, *Brière*, 1823, 3 vol. in-8°.

723. MAC-CARTHY. CHOIX DE VOYAGES dans les quatre parties du monde. — *Paris, Locard,* 1821, 2 vol. in-8°.

724. MACÉ (ANTON.). HISTOIRE MODERNE. — *Paris*, *Joubert,* 1840, 3 vol. in-8°.

725. MACÉ (A.). DES LOIS AGRAIRES CHEZ LES ROMAINS. — *Paris, Joubert*, 1846, 1 vol. in-8°.

726. MAGASIN PITTORESQUE (LE). — *Paris*, 1833-34-35, 3 vol. in-4°.

727. MAIMBOURG (Le P. L.). HISTOIRE DU GRAND SCHISME D'OCCIDENT. — *Paris, Séb. Mabre-Cramoisy*, 1681, 2 vol. in-12.

728. MAIMBOURG. HISTOIRE DE L'ARIANISME. — *Paris*, *Mabre-Cramoisy*, 1682, 3 vol. in-12.

729. MAIMBOURG. HISTOIRE DU CALVINISME. — *Paris*, *S. Mabre-Cramoisy*, 1682, 2 vol. in-12.

730. MAIRE (LE). VOYAGE aux îles Canaries, du Caper Vert, au Sénégal et Gambie. — *Paris*, *Jacq. Colombat*, 1685, 1 vol. in-8°.

731. MAISON RUSTIQUE (LA NOUVELLE). — *Paris*, *Jos. Sograin,* 1749, 2 vol. in-4°.

732. MALEBRANCHE. ENTRETIENS sur la Métaphysique et sur la Religion. — *Paris, L. Roulland*, 1696, 2 vol. in-12.

733. MANET (L'abbé). HISTOIRE DE LA PETITE BRETAGNE. — *St-Malo, E. Caruel*, 1834, 2 vol. in-8°.

734. MANIÈRE DE BIEN PENSER DANS LES OUVRAGES D'ESPRIT. — *Paris, Ve Sébart-Mabre*, 1788, 1 vol. in-12.

735. MANUEL DES GRAMMAIRIENS. — *Paris, Clav. de Thiboust*, 1667, 1 vol. in-12.

736. MANUEL DES GRAMMAIRIENS. — *Paris, Barbou*, 1769, 1 vol. in-12.

737. MANUALE ORDINANDORUM. — *Nannetis, Jos. Vatar*, 1772, 1 vol. in-12.

738. MANUEL DE L'AMATEUR D'ESTAMPES. — *Paris*, 1850-56, 9 vol. in-8°.

739. MANUSCRITS de la Bibliothèque du Louvre brûlés dans la nuit du 23 au 24 mai 1871, sous la Commune. — *Paris*, 1872, 1 vol. in-8°.

740. MARBEAU. ETUDES SUR L'ÉCONOMIE SOCIALE. — *Paris, Guillaumin*, 1874, 1 vol. in-8°.

741. MARCADÉ. EXPLICATION DU CODE NAPOLÉON. — *Paris, Cotillon*, 1859, 6 vol. in-8°.

742. MARCADÉ. EXPLICATION DU CODE NAPOLÉON. — De la prescription. — *Paris, Cotillon*, 1859, 1 vol. in-8°.

743. MAREC. DISSERTATION sur un projet de Code pénal et disciplinaire pour la marine marchande. — *Paris, Imp. royale*, 1840, 1 vol. in-8°.

744. MARÉCHAL (Gme-ANT.). QUELQUES IDÉES NOUVELLES sur le système de l'univers. — *Paris, Didot Jne*, 1810, 1 vol. in-8°.

745. MARMIER (X.). LETTRES SUR L'ISLANDE. — *Paris, Fél. Bonnaire*, 1827, 1 vol. in-8°.

746. MARMONTEL. Œuvres complètes. — *Liège, Bassompierre fils*, 1777, 11 vol. in-8°.

747. MARMONTEL. BÉLISAIRE. — *Paris, Grimprelle*, 1829, 1 vol. in-18.

748. MARMONTEL. LES INCUS, ou destruction de l'Empire du Pérou. — *Paris, Grimprelle*, 1829, 1 vol. in-18.

749. MARMOTTAN (PAUL). L'ECOLE FRANÇAISE DE PEINTURE (1789-1830). — *Paris, H. Laurens*, 1887, 1 vol. in-24.

750. MAROLLES, abbé de Villeloin. MÉMOIRES. — *Amsterdam*, 1755, 3 vol. in-12.

751. MAROT, CLÉMENT (Œuvres de). — *La Haye, P. Grosse*, 1731, 6 vol. in-12.

752. MARQFOY (GVE). LA BANQUE DE FRANCE dans ses rapports avec le crédit et la circulation. — *Paris, Guillaume et Cie*, 1862, 1 vol. in-8°.

753. MARSAIS (DU) ET BATTEUX (L'abbé). DES TROPES ET DE LA CONSTRUCTION ORATOIRE. — *Tulle, R. Chirac*, 1793, 1 vol. in-18.

754. MARSOLLIER. LA VIE DE St FRANÇOIS DE SALES. — *Paris, Grég. Dupuis*, 1701, 2 vol. in-12.

755. MARTIN (TH.-H.). PHILOSOPHIE SPIRITUALISTE DE LA NATURE. — *Paris*, 1849, 2 vol. in-8°.

756. MARTIN. (L.-AIMÉ). LETTRES A SOPHIE sur la physique, la chimie et l'histoire naturelle. — *Paris, Nicolle*, 1820, 2 vol. in-12.

757. MARTINEAU (Le R. P.). RECUEIL DES VERTUS DE LOUIS DE FRANCE, DUC DE BOURGOGNE. — *Paris, Jean Mariette*, 1712, 1 vol. in-8°.

758. MARTINELLI (JOS.). NOUVEAU DICTIONNAIRE français-italien. — *Paris, Bossange*, 1801, 1 vol. in-16.

759. MARVAUD. HISTOIRE DES VICOMTES ET DE LA VICOMTÉ DE LIMOGES. — *Paris, J.-B. Dumoulin*, 1873, 2 vol. in-8°.

760. MASSILLON. SERMONS. — *Paris, Ve Estienne et fils*, 1745, 4 vol. in-12.

761. MASSILLON. PARAPHRASE MORALE de plusieurs psaumes. — *Paris, Ve Estienne et fils*, 1747, 2 vol. in-12.

762. MATHIEU (H.). LA TURQUIE ET SES DIFFÉRENTS PEUPLES. — *Paris, E. Dentu*, 1857, 2 vol. in-12.

763. MATLHIOLUS (ANDRÉ). LES COMMENTAIRES sur les six livres de Pédacius Dioscoride Anazarbeen, de la matière médicinale, trad. du latin par A. DU PINET. — *Lyon, P. Rigaud*, 1605, 1 vol. in-4°.

764. MAUPEOU (DE). JOURNAL HISTORIQUE de la révolution opé-

rée dans la constitution de la monarchie française. — *Londres*, 1775, 3 vol. in-12.

765. MAURICEAU (Franç.). Traité des maladies des femmes grosses et de celles qui sont accouchées. — *Paris*, *Cie des libraires*, 1740, 2 vol. in-4°.

766. MAURY (Alf.). Exposé des progrès de l'archéologie. — *Paris*, 1867, 1 vol. in-8°.

767. MAURY. Rapport sur les archives nationales. — *Paris*, 1878, 1 vol. in-8°.

768. MAXIMES DU DROIT PUBLIC FRANÇAIS. — *Amsterdam*, *Marc-Mich. Rey*, 1775, 6 vol. in-12.

769. MAZAS (Alexandre). Vie de Bertrand Duguesclin. — *Paris*, *Eug. Devenne*, 1829, 1 vol. in-8°.

770. MÉDECIN DES CAMPAGNES (Le). — *Paris*, *Bertin*, 1803, 1 vol. in-8°.

771. MÉMOIRES de la minorité de Louis XIV. — *Villefranche*, *Jean-Paul*, 1688, 1 vol. in-12.

772. MÉMOIRES DE M. L. D. N., contenant ce qui s'est passé pendant la Fronde. — *Cologne*, 1709, 1 vol. in-12.

773. MÉMOIRE concernant le Clergé et la déclaration du roi du mois d'août 1750, 1 vol. in-12.

774. MÉMOIRES de l'Académie royale de Chirurgie. — *Paris*, *Delaguette*, 1753, 4 vol. in-4°.

775. MÉMOIRES et RÉFLEXIONS sur les principaux événements du règne de Louis XIV. — *Amsterdam*, *J.-F. Bernard*, 1755, 1 vol. in-18.

776. MÉMOIRES pour le duc d'Aiguillon. — *Paris*, *Boudet*, 1770, 1 vol. in-12.

777. MÉMOIRES pour servir à l'histoire de Louis, dauphin de France, mort le 20 décembre 1765. — *Paris*, *P.-G. Simon*, 1777, 2 vol. in-12.

778. MÉMOIRE D'OBSERVATIONS et pièces justificatives concernant ce qui s'est passé au château de la Touche-Porée les 6 et 7 août 1789. — *Dinan*, *veuve de R.-J.-P. Huart*, 1789, 1 vol. in-4°.

779. MÉMOIRES pour servir à l'histoire de France en 1815. — *Paris*, *Barrois*, 1820, 1 vol. in-8°.

780. MÉMOIRS of the margravine of anspach. — *Paris*, *W. Galignani*, 1826, 2 vol. in-12.

781. MÉMOIRES d'un prêtre régicide. — *Paris*, *Tenon*, 1829, 2 vol. in-8°.

782. MÉMOIRES de l'Académie du département de la Somme. — *Amiens*, *Machast*, 1835, 2 vol. in-8°.

783. MÉMOIRE sur les Etats-Généraux, leurs droits et la manière de les convoquer. — 1788, 1 vol. in-8°.

784. MÉMOIRES relatifs à la Révolution d'Angleterre. — *Paris*, *Béchet aîné*, 1823-1824, 25 vol. in-8°.

785. MEN (LE). MONOGRAPHIE DE LA CATHÉDRALE DE QUIMPER (XIII^e^-XV^e^ siècle). — *Quimper*, *Jacob*, 1877, 1 vol. in-8°.

786. MENAGIANA ou les bons mots et remarques, critiques, historiques, etc., de M. DE MÉNAGE. — *Paris*, *V^e^ Delaulne*, 1729, 4 vol. in-12.

787. MÉNESTRIER (C.-F.). LA NOUVELLE MÉTHODE RAISONNÉE DU BLASON. — *Lyon*, *f^res^ Bruyset*, 1734, 1 vol. in-12.

788. MENNECHET (ED.). LE PLUTARQUE FRANÇAIS. — *Paris*, *Crapelet*, 1838, 8 vol. in-4°.

789. MENTELLE (EDME). COSMOGRAPHIE ÉLÉMENTAIRE. — *Paris*, *Th. Barrois*, an VII, 2 vol. in-8°.

790. MERCEY (F.-B. DE). ETUDES SUR LES BEAUX-ARTS, depuis leur origine jusqu'à nos jours. — *Paris*, *Arthus Bertrand*, 1855, 3 vol. in-8°.

791. MERCEY (F.-B. DE). SOUVENIRS DE VOYAGES. — Les Alpes françaises et la Haute-Italie. — *Paris*, *Ferd. Sartorius*, 1857, 1 vol. in-8°.

792. MERCEY (F.-B. DE). LA TOSCANE ET LE MIDI DE L'ITALIE. — *Paris*, *Arthus Bertrand*, 2 vol. in-8°.

793. MERCEY (F.). LE TYROL ET LE NORD DE L'ITALIE. — *Paris*, *Arthus Bertrand*, 1845, 2 vol. in-8°.

794. MERCIER (Ed.). De l'influence du bien-être matériel sur la moralité des peuples modernes. — *Paris*, *Jules Renouard*, 1854, in-8°.

795. MÉRIMÉE (P.). Notice sur les peintures de l'église Saint-Savain. — *Paris*, 1845, in-fol.

796. MESNIL-MARIGNY (Du). Catéchisme de l'économie politique. — *Paris*, *Coumol*, 1863, 1 vol. in-8°.

797. MEUNIER (Francis). Etudes de grammaire comparée. — *Paris*, *A. Durand*, 1873, 1 vol. in-8°.

798. MEYER (Maurice). Etudes sur le théatre latin. — *Paris*, *Dezobry et Magdeleine*, 1847, 1 vol. in-8°.

799. MICHEL (Francisque). Histoire des races maudites de la France et de l'Espagne. — *Paris*, *Franck*, 1847, 2 vol. in-8°.

800. MICHELET (J.). Histoire de France. — *Paris*, *A. Lacroix*, 1876, 19 vol. in-8°.

801. MIGNET. Histoire de la Révolution française. — *Paris*, *Firm. Didot et fils*, 1827, 2 vol. in-8°.

802. MIGNET. Notices et mémoires historiques. — *Paris*, *Paulin*, 1843, 2 vol. in-8°.

803. MIGNET. Rivalité de François Ier et de Charles-Quint. — *Paris*, *Didier et Cie*, 1875, 2 vol. in-8°.

804. MILLE-ET-UN JOURS (Les), contes persans, trad. par Petit de la Croix. — *Paris*, *Béchet aîné*, 1826, 2 vol. in-8°.

805. MILLENIUM-HALL (a description of) and the country adjacent. — *Londun*, *Newberg*, 1762, 1 vol. in-12.

806. MILLER. Catalogue des manuscrits grecs de la bibliothèque de l'Escurial. — *Paris*, 1848, 1 vol. in-4°.

807. MILLERAN. Le nouveau secrétaire de la Cour. — *Paris*, *Théod. Le Gras*, 1736, 1 vol. in-12.

808. MILLION DE FAITS (Un), par Aicard, Desportes, etc. — *Paris*, *J.-J. Dubochet*, 1846, 1 vol. in-12.

809. MILLOT (L'abbé). Eléments d'histoire générale. — *Paris*, *Amable Costes et Cie*, 1821, 9 vol. in-8°.

810. MILTON. THE POETICAL WORKS. — *London*, *C. Cooke*, 2 vol. in-12.

811. MILTON. LE PARADIS PERDU, trad. en français. — *Lyon*, *J.-M. Barret*, 1781, 1 vol. in-12.

812. MOLTZHEIM. ESQUISSE HISTORIQUE de l'artillerie française depuis le moyen-âge jusqu'à nos jours. — *Strasbourg*, *E. Simon*, 1868, in-fol.

813. MONDE (LE). HISTOIRE DE TOUS LES PEUPLES, par A.-J.-C. St-PROSPER aîné, BELLOC, etc. — *Paris*, *lib. universelle*, 1846, 10 vol. in-8°.

814. MONGE (GASP.). GÉOMÉTRIE DESCRIPTIVE. — *Paris*, *Baudouin*, an VII, 1 vol. in-4°.

815. MONGE ET HACHETTE. APPLICATION DE L'ALGÈBRE A LA GÉOMÉTRIE. — Traité des surfaces du second degré. — *Paris*, *Klostermann fils*, 1813, 1 vol. in-8°.

816. MONIN. PETIT ATLAS NATIONAL des départements de la France et de ses Colonies. — *Paris*, *Blaizot*, 1833, in-fol.

817. MONITEUR UNIVERSEL depuis 1789 jusqu'à 1871.

818. MONMERQUE. DISSERTATION HISTORIQUE sur Jean Ier, roi de France. — *Paris*, *Tabary*, 1844, 1 vol. in-8°.

819. MONOGRAPHIE de la cathédrale de Chartres, par LASSUS, AMAURY, DUVAL et DIDRON. — *Paris*, 1842, in-fol.

820. MONTAIGNE (DE). ESSAIS. — *Paris*, *Firm. Didot*, 1802, 4 vol. in-8°.

821. MONTECUCULLI. MÉMOIRES. — *Paris*, *J. Geoffroy Nyon*, 1712, 1 vol. in-12.

822. MONTEIL (AM.-ALEXIS). TRAITÉ de matériaux manuscrits de divers genres d'histoire. — *Paris*, *E. Duverger*, 1836, 2 vol. in-8°.

823. MONTEIL (ALEXIS). HISTOIRE FINANCIÈRE DE LA FRANCE. — *Paris*, *P. Daffis*, 1872, 1 vol. in-12.

824. MONTEIL (AL.). LA MAGISTRATURE FRANÇAISE, LES LOIS ET LES GENS DE LOI. — *Paris*, *Paul Dupont*, 1873, 1 vol. in-8°.

825. MONTESQUIEU. CONSIDÉRATIONS sur les causes de la gran-

deur et de la décadence des Romains. — *Paris*, *Grimprelle*, 1829, 1 vol. in-18.

826. MONTESQUIEU (Œuvres de). — *Londres*, *Nours*, 1767, 3 vol. in-4°.

827. MONTESQUIEU. De l'esprit des loix. — *Genève*, *Barillot et fils*, 2 vol. in-4°.

828. MONTHOLON (Général). Récits de la captivité de l'empereur Napoléon a Ste-Hélène. — *Paris*, *Paulin*, 1847, 2 vol. in-8°.

829. MONTUCLA (J.-F.). Histoire des mathématiques, continuée par Jér. de la Lande. — *Paris*, *H. Agasse*, an VII, 4 vol. in-4°.

830. MONUMENTS DE LA LITTÉRATURE ROMAINE, depuis le quatorzième siècle, publiés par M. Gatien-Arnoult. — *Paris*, *Bureau de l'Institut*, 1824, 1 vol. in-8°.

831. MORAND (François). L'année historique de Boulogne-sur-Mer. — *Boulogne-sur-Mer*, *Ve Deligny*, 1859, 1 vol. in-12.

832. MOREAU. Discours sur l'histoire de France. — *Paris*, 1777, 18 vol. in-8°.

833. MOREAU. Les devoirs du Prince, ou discours sur la Justice. — *Paris*, 1782, 1 vol. in-8°.

834. MONTAGNAC (E. de). Les Ardennes. — *Paris*, *J. Rotschild*, 1874, 2 vol. in-fol.

835. MORICE (Dom.) et TAILLANDIER. Histoire ecclésiastique et civile de Bretagne. — *Paris*, *Delaguette*, 1750, 2 vol. in-4°.

836. MORICE (Dom.). Mémoires pour servir de preuves à l'histoire ecclésiastique et civile de Bretagne. — *Paris*, 1742, 3 vol. in-4°.

837. MOUSTALON. Le lycée de la jeunesse. — *Paris*, *Servière*, 1791, 2 vol. in-12.

838. MURS (O. des). La vérité sur le coucou. — *Paris*, *Klincksieck*, 1879, 1 vol. in-8°.

839. MUSÉE DES ARCHIVES DÉPARTEMENTALES. — *Paris*, 1878, 1 vol. in-4° avec recueil de fac-simile héliographiques, in-fol.

840. MUSÉE INDUSTRIEL. Exposition de 1834. — *Paris*, 1835, 4 vol. in-8°.

Morin (F.). Thèse de Doctorat ès-sciences naturelles, sur la structure de la feuille des mousses. Rennes, Oberthur 1893. 1 vol.

# N

841. NAPOLÉON Ier (Correspondance de). — *Paris, H. Plon*, 1858, 28 vol. in-8°.

842. NAPOLÉON III. — MESSAGES ET PROCLAMATIONS. — *Paris, H. Plon*, 1860, in-8°.

843. NAPOLÉON III. HISTOIRE DE JULES CÉSAR. — *Paris, H. Plon*, 1865, 2 vol. in-8°.

844. NAPOLÉON III (Œuvres de). — *Paris, H. Plon*, 1869, 5 vol. in-8°.

845. NECKER. COMPTE-RENDU AU ROI au mois de janvier 1781. — *Paris*, 1781, 1 vol. in-4°.

846. NECKER. DE L'ADMINISTRATION DES FINANCES DE LA FRANCE. — *Paris*, 1784, 3 vol. in-8°.

847. NECKER. SUR SON ADMINISTRATION PAR LUI-MÊME. — *Paris*, 1791, 1 vol. in-12.

848. NECKER. DE L'IMPORTANCE DES IDÉES RELIGIEUSES. — *Londres*, 1788, 1 vol. in-8°.

849. NÉEL DE LA VIGNE (Souvenirs de). — *Dinan, J.-B. Huart*, 1850, 1 vol. in-8°.

850. NICOLAS (Augte). ETUDES PHILOSOPHIQUES SUR LE CHRISTIANISME. — *Paris, Aug. Vaton*, 1847, 4 vol. in-8°.

851. NICOLE. LA LOGIQUE OU L'ART DE PENSER. — *Paris, Gme Desprez*, 1752, 1 vol. in-12.

852. NICOLLE (L'abbé). GÉOGRAPHIE MODERNE. — *Paris, J.-Th. Hérissant*, 1762, 2 vol. in-12.

853. NICOLLE (L'abbé). PLAN D'ÉDUCATION, ou projet d'un Collége nouveau. — *Paris*, *Ch. Gosselin*, 1834, 1 vol. in-8°.

854. NIEL (P.-G.-J.). PORTRAITS des personnages français les plus illustres du XVI<sup>e</sup> siècle. — *Paris*, *Lenain*, 1848-52, 2 vol. in-fol.

855. NIGRIS (J.-B. DE). MOUVEMENTS PROGRESSIFS ET RÉTROGRADES DES PEUPLES. — *Paris*, 1843, 1 vol. in-8°.

856. NISARD. HISTOIRE DE LA LITTÉRATURE FRANÇAISE. — *Paris*, *Firmin Didot frères*, 1844, 4 vol. in-8°.

857. NOBLE (LE). HISTOIRE de l'établissement de la République de Hollande. — *Paris*, *Quinet*, 1692, 2 vol. in-12.

858. NOBLESSE COMMERÇANTE (LA). — *Londres*, 1756, 1 vol. in-12.

859. NOBLESSE (LA) ramenée à ses vrais principes, ou examen du développement de la noblesse commerçante. — *Amsterdam*, 1759, 1 vol. in-12.

860. NODIER (CH.). Contes. — *Paris*, *Hetzel*, 1846, 1 vol. in-8°.

861. NODIER (CH.). NOTIONS ÉLÉMENTAIRES DE LINGUISTIQUE. — *Paris*, *Eug. Renduel*, 1834, 1 vol. in-8°.

862. NOEL ET DELAPLACE. LEÇONS DE LITTÉRATURE ET DE MORALE. — *Paris*, *Lenormant*, 1810, 2 vol. in-8°.

863. NOEL ET DELAPLACE. LEÇONS LATINES DE LITTÉRATURE ET DE MORALE. — *Paris*, *Lenormant*, 1808, 2 vol. in-8°.

864. NORBLIN. LES BUCOLIQUES DE VIRGILE, compositions artistiques. — *Paris*, 1863, in-fol.

865. NOTE SUR L'AÉROSTAT A HÉLICE construit pour le compte de l'Etat sur les plans de M. DUPUY DE LÔME. — *Paris*, *Gauthier-Villars*, 1862, 1 vol. in-4°.

866. NOTICES, MÉMOIRES ET DOCUMENTS publiés par la Société d'Agriculture du département de la Manche. — *Saint-Lô*, *Delie fils*, 1857, 3 vol. in-8°.

867. NOTRE-DAME-DE-PARIS. — *Paris*, *C. Marpon et Flammarion*, 2 vol.

868. NOUE (FR. DE LA). NOTICE SUR LE COMBAT DE St-CAST (11 septembre 1758). — *Dinan*, *J. Bazouge*, 1858, 1 vol. in-8°.

869. NOUVEAU TESTAMENT (Le). — *Amsterdam*, 1728, 8 vol. in-12.

870. NOUVELLE ALLÉGORIQUE, ou histoire des derniers troubles arrivés au royaume d'éloquence. — *Paris, G^me de Luyne*, 1658, 1 vol. in-12.

871. NOUVION (Victor). Histoire du règne de Louis-Philippe I^er. — *Paris, Didier et C^ie*, 1879, 4 vol. in-8°.

872. NUNEZ DE TABOADA. Nouveau dictionnaire français-espagnol. — *Paris, Seguin*, 1825, 1 vol. in-16.

Nicolaï (Alexandre) En Bretagne. Bordeaux, Paris, Gounouilhou, J. Rouam et C^ie 1893 1 vol. in-8°.

# O

873. OBSERVATIONS PHYSIQUES ET MATHÉMATIQUES pour servir à l'histoire naturelle. — *Paris, Ve Edme-Martin*, 1688, 1 vol. in-8°.

874. ODOLANT DESNOS. Traité élémentaire de minéralogie moderne. — *Paris, Mairet et Fournier*, 1842, 2 vol. in-16.

875. ODORICI. Recherches sur Dinan et ses environs. — *Dinan, J.-B. Huart*, 1 vol. in-8°.

876. ŒUVRES COMPLÈTES de M. de G... — *Amsterdam, Pierre Mortier*, 1746, 2 vol. in-12.

877. OGÉE. Dictionnaire historique et géographique de Bretagne, revu et augmenté par Marteville et P. Varin. — *Rennes, Molliex*, 1843, 2 vol. in-4°.

878. OLIVIER (P. d'). Cours élémentaire de grammaire française. — *Dinan, J.-B.-T.-R. Huart*, 1817, 1 vol. in-8°.

879. ORATEURS CÉLÈBRES FRANÇAIS. — *Lyon*, 1789, 1 vol. in-12.

880. ORAZIO FLACCO (Le odi di) messe in rime toscane da Antonio Cesari dell oratorio. — *Verona, Ramanzini*, 1792, 1 vol. in-8°.

881. ORDONNANCE DE LOUIS XIV sur les Eaux et Forest (1669). — *Paris*, 1753, 1 vol. in-12.

882. ORDONNANCE DE LOUIS XIV pour les matières criminelles. — *Paris*, 1760, 1 vol. in-18.

883. ORDONNANCE DU ROI pour le service dans les places et dans les quartiers, du 1er mars 1768. — *Paris*, 1768, 1 vol. in-12.

884. ORDONNANCES ET RÈGLEMENTS concernant la marine. — *Nantes*, *Brun*, 1786, 1 vol. in-8°.

885. ORIGINE DES LOIX, DES ARTS ET DES SCIENCES. — *Paris*, *Desaint*, 1759, 6 vol. in-12.

886. ORSANNE (L'abbé d'). JOURNAL sur la bulle *Unigenitus*. — *Rome*, 1753, 1 vol. in-4°.

887. OVIDII NASONIS METAMORPHOSEON. — *Paris*, *Aug. Delalain*, 1805, 1 vol. in-12.

888. OZANAM. L'USAGE DU COMPAS DE PROPORTION. — *Paris*, *Jean Jombert*, 1700, 1 vol. in-8°.

889. OZANAM. DICTIONNAIRE MATHÉMATIQUE. — *Paris*, *Et. Michallet*, 1691, 1 vol. in-4°.

# P

890. PALISSY (Bern.). Œuvres complètes, avec des notes et une notice historique, par Paul-Antoine Cap. — *Paris, J.-J. Dubochet et Cie*, 1844, 1 vol. in-12.

891. PAQUIS. Histoire de l'Espagne et du Portugal. — *Paris, Parent-Desbarres*, 1836, 2 vol. in-8°.

892. PARISET. Histoire des membres de l'Académie royale de médecine. — *Paris, H. Baillère*, 1850, 2 vol. in-12.

893. PARMENTIER. Aperçu des résultats obtenus de la fabrication des sirops et des conserves de raisins en 1810 et 1811. — *Paris*, 1812, 1 vol. in-8°.

894. PARODIES (Les) du nouveau théâtre italien. — *Paris, Briasson*, 1738, 3 vol. in-12.

895. PARTIOT. Etude sur le mouvement des marées dans la partie maritime des fleuves. — *Paris, Dunod*, 1861, 1 vol. in-8° avec atlas.

896. PARTOUNEAUX (T. de). Histoire de la conquête de la Lombardie, par Charlemagne. — *Paris, Jules Renouard*, 1842, 2 vol. in-8°.

897. PASCAL. Les Provinciales. — 1699, 3 vol. in-12.

898. PASCAL (Pensées de). — *Paris, Ant.-Aug. Renouard*, 1812, 2 vol. in-12.

899. PATRIA. La France ancienne et moderne, morale et matérielle, par J. Aicard, Félix Bourquelot, etc. — *Paris, J.-J. Dubochet*, 1847, 2 vol. in-4°.

900. PAULIN. Manuel des sapeurs-pompiers. — *Paris, Bachelier*, 1837, 1 vol. in-18, avec planches.

901. PAVILLON (Œuvres de). — *Paris*, *G^me Saugrin*, 1720, 2 vol. in-12.

902. PFEFFEL. HISTOIRE D'ALLEMAGNE. — *Paris, Delalain*, 1777, 2 vol. in-8°.

903. PEIFFER. LÉGENDE TERRITORIALE DE LA FRANCE, pour servir à la lecture des cartes topographiques. — *Paris, Ch. Delagraphe*, 1877, 1 vol. in-8°.

904. PEINTRE DAVID (LE). SOUVENIRS ET DOCUMENTS INÉDITS, par Jules DAVID. — *Paris*, *V^e Havard*, 1880, 1 vol. in-4°.

905. PELISSON (DE). RELATION contenant l'histoire de l'Académie Française. — *Paris*, *Pierre Le Petit*, 1672, 1 vol. in-12.

906. PELLETIER (DOM.-LOUIS LE). DICTIONNAIRE de la langue bretonne. — *Paris*, *Franç. Delaguette*, 1752, 1 vol. in-4°.

907. PEMBERTON (ROB.). THE ATTRIBUTES OF THE SOUL FROM THE GRADLE. — *London*, *Saunders*, 1849, 1 vol. in-8°.

908. PENSÉES DIVERSES écrites par un docteur de Sorbonne à l'occasion de la comète de décembre 1680. — *Rotterdam*, *Reinier Leers*, 1704, 4 vol. in-12.

909. PÉRENNÈS (YVES). ETUDES CRITIQUES ET LITTÉRAIRES sur les œuvres complètes d'Horace. — *Paris*, 1861, 2 vol. in-8°.

910. PEROT (J.-M.-A.). ALLÉGORIES SOCIALES, MORALES ET PHILOSOPHIQUES. — *Paris, libr. populaire*, 1882, 1 vol. in-8°.

911. PEROT (J.-M.-A.). L'HOMME ET DIEU. — *Paris*, *J. Strauss*, 1881, 1 vol. in-8°.

912. PEROT (GEORGES). L'ÉLOQUENCE POLITIQUE ET LITTÉRAIRE A ATHÈNES. — *Paris, Hachette et C^ie*, 1873, 1 vol. in-8°.

913. PETITY (L'abbé de). ENCYCLOPÉDIE ÉLÉMENTAIRE. — *Paris*, *Hérissant fils*, 1767, 3 vol. in-4°.

914. PEYROUSE BONFILS (Le C^te DE LA). HISTOIRE DE LA MARINE FRANÇAISE. — *Paris, Dentu*, 1845, 3 vol. in-8°.

915. PHILIDOR (A.-D.). ANALYSE DES ÉCHECS, contenant une nouvelle méthode pour apprendre ce jeu. — *Londres*, 1749, 1 vol. in-8°.

916. PHILIPPE D'ORLÉANS (La vie de), régent du royaume. — *Londres*, 1742, 2 vol. in-12.

917. PICAULT (CH.). HISTOIRE DES RÉVOLUTIONS DE PERSE. — *Paris, A. Ayròn*, 1810, 2 vol. in-8°.

918. PICHOT (J.). A TRAVERS LES ÉTOILES, notions d'astronomie populaire. — *Paris, H. Lecène et H. Oudin*, 1888, 1 vol. in-4°.

919. PIERRE (VICTOR). HISTOIRE DE LA RÉPUBLIQUE DE 1848. — *Paris, E. Plon*, 1873, 1 vol. in-8°.

920. PIGANIOL. DESCRIPTION de Paris, Versailles, Marly, Meudon, St-Cloud, Fontainebleau, etc. — *Paris, Poirion*, 1742, 8 vol. in-12.

921. PILLON (ALEX.). SYNONYMES GRECS. — *Paris, Mme Ve Maire-Nyon*, 1847, 1 vol. in-8°.

922. PILLOT. HISTOIRE DU PARLEMENT DE FLANDRES. — *Denain, Adam d'Aubert*, 1849, 2 vol. in-8°.

923. PINEL (PHILIP.). NOSOGRAPHIE PHILOSOPHIQUE ou méthode de l'analyse appliquée à la médecine. — *Paris, J.-A. Brosson*, 1813, 3 vol. in-8°.

924. PINGAUD (L.). LA POLITIQUE DE St-GRÉGOIRE-LE-GRAND. — *Paris, Ern. Thorin*, 1872, 1 vol. in-8°.

925. PIORRY (A.). TRAITÉ DE MÉDECINE PRATIQUE. — *Paris, Pourchet*, 1841, 8 vol. in-8°.

926. PLACE (VICT.). NINIVE ET L'ASSYRIE. — *Paris*, 1866, in-fol.

927. PLATON (LA RÉPUBLIQUE DE) ou dialogue sur la Justice, trad. française. — *Paris, Brocas et Humblot*, 1762, 2 vol. in-12.

928. PLINII (Historiæ naturalis). — 1525, in-4°.

929. PLOTINI ENNCADES, par MM. Fr. CREUZER et G.-H. MOZER. (En tête se trouvent les *Institutiones*, de PORPHYRE, suivies des *Institutiones theologicæ*, de PROCLUS, et, à la fin, les *Questiones*, de PRISCIEN, par DUBNER). — *Paris, Ambr. Firmin-Didot*, 1855, 1 vol. in-8°.

930. PLUCHE. HISTOIRE DU CIEL. — *Paris, Ve Estienne et fils*, 1768, 2 vol. in-12.

931. PLUCHE. LA MÉCHANIQUE DES LANGUES ET L'ART DE LES ENSEIGNER. — *Paris, Ve Estienne*, 1751, 1 vol. in-12.

932. PLUTARCHI fragmenta et spuria cum codicibus et emendavit. Fr. DUBNER. — *Paris, Ambr. Firmin-Didot*, 1855, 1 vol. in-8°.

933. PLUTARQUE. LES VIES DES HOMMES ILLUSTRES GRECS ET ROMAINS, trad. par Jacq. AMYOT. — *Paris, Pierre Chevalier*, 1604, 8 vol. in-12.

934. PETŒCI SANDOR. POÉSIES MAGYARES, trad. par H. DESBORDES-VALMORE et Ch.-E. UJFALVY, 1871, 1 vol. in-12.

935. POCQUET (BARTHÉLÉMY). LES ORIGINES DE LA RÉVOLUTION EN BRETAGNE. — *Paris, Emile Perrin*, 1885, 2 vol. in-12.

936. POÈTES DE CHAMPAGNE antérieurs au siècle de François I<sup>er</sup>. — *Reims, Régnier*, 1851, 1 vol. in-8°.

937. POEY D'AVANT. MONNAIES FÉODALES DE FRANCE. — *Paris*, 1862, 3 vol. in-4°.

938. POINSOT. ELÉMENTS DE STATIQUE. — *Paris, V<sup>e</sup> Courcier*, 1821, 1 vol. in-8°.

939. POLYÆNI STRATEGEMATUM LIBRI OCTO. — *Lugduni batavarum Johannem du Vivié et Jordanum Luchtmans*, 1691, 1 vol. in-8°.

940. POLYBE (LES HISTOIRES DE), trad. par le P. DURIER. — *Paris, L. Billaine*, 1670, 3 vol. in-12.

941. POLIGNAC (MELCHIORIS DE). ANTI-LUCRETIUS SIVE DE DEO ET NATURA. — *Paris, Le Mercier*, 1767, 1 vol. in-8°.

942. POMPADOUR (M<sup>me</sup> DE). CORRESPONDANCE AVEC SON PÈRE ET SON FRÈRE, publiée par A.-P. MALASSIS. — *Paris, J. Baur*, 1878, 1 vol. in-8°.

943. PONT (PAUL). EXPLICATION DU CODE NAPOLÉON. Des privilèges et hypothèques. — *Paris, Cotillon*, 1859, 2 vol. in-8°.

944. PONTIS (Le sieur DE). MÉMOIRES. — *Paris*, 1715, 2 vol. in-12.

945. PORT (CÉL.). DICTIONNAIRE historique, géographique et biographique de Maine-et-Loire. — *Paris, J.-B. Dumoulin*, 1874, 3 vol. in-18.

946. PORTE (L'abbé D.-L.). OBSERVATIONS SUR LA LITTÉRATURE MODERNE. — *Londres*, 1752, 9 vol. in-12.

947. PORTERIE (De la). Institutions militaires pour la cavalerie et les Dragons. — *Paris*, *Guillyn*, 1754, 1 vol. in-8°.

948. POULAIN-CORBION. Récit du voyage de l'Empereur et de l'Impératrice en Normandie et en Bretagne. — *Paris*, *Amyot*, 1858, 1 vol. in-12.

949. POULAIN DU PARC. Principes du droit français, suivant les maximes de Bretagne. — *Rennes*, *Franc-Vatar*, 1767, 12 vol. in-12.

950. POULAIN DU PARC. La coutume et jurisprudence coutumière de Bretagne. — *Rennes*, *V° Fr.-Vatar*, 1778, 1 vol. in-12.

951. POUQUEVILLE (F.-C.-H.-L.). Histoire de la régénération de la Grèce. — *Paris*, *Firmin-Didot*, 1824, 4 vol. in-8°.

952. PRADT (De). Les six derniers mois de l'Amérique et du Brésil. — *Paris*, *F. Béchet*, 1818, 1 vol. in-8°.

953. PRADT (De). Du congrès de Vienne. — *Paris*, *Déterville*, 1815, 2 vol. in-8°.

954. PRADT (De). La France, l'émigration et les colons. — *Paris*, *Béchet aîné*, 1824, 2 vol. in-8°.

955. PRÉFACE sur la version d'Athénée. — 1 vol. in-8°.

956. PRÉJUGÉS (Les). — *Paris*, *Didot l'aîné*, 1760, 1 vol. in-12.

957. PRESCOT (W.). Histoire de la conquête du Mexique, trad. par Am. Pichot. — *Paris*, *Firmin-Didot frères*, 1846, 3 vol. in-8°.

958. PRÉTERRE (A.). Les dents. Traité pratique des maladies de ces organes. — *Paris*, 1 vol. in-12.

959. PRINCE DE BEAUMONT (Mme le). Education complète ou abrégé de l'histoire universelle. — *Paris*, *Billois*, 1803, 2 vol. in-4°.

960. PROGRÈS DE LA PUISSANCE RUSSE, depuis son origine jusqu'au commencement du XIXe siècle. — *Paris*, *Fantin*, 1812, 1 vol. in-8°.

961. PROPIAC (De). Histoire de l'Angleterre, depuis l'invasion de J. César jusqu'en 1808. — *Paris*, *Gérard*, 1809, 2 vol. in-12.

962. PROYART. Vie du Dauphin, père de Louis XV. — *Paris*, *Pierre Bruyset-Ponthus*, 1782, 2 vol. in-12.

963. PROYART (L'abbé). VIE DU DAUPHIN, père de Louis XVI. — *Lyon, P. Bruyset-Ponthus*, 1788, 1 vol. in-12.

964. PRUD'HON. Six dessins.

Planté (Gaston). Recherches sur l'électricité. Paris, 1883. 1 vol. in-8°.

Poulain du Parc. Principes du droit français suivant les maximes de Bretagne. Rennes, François Vatar 1702. 12 vol. in-12.

Philostratorum quæ supersunt omnia. — Vita Apollonii &c., Lipsiæ 1709 Thomam Frisch. 1 vol. in-4°.

# Q

965. QUATREMÈRE DE QUINCY. Canova et ses ouvrages. — *Paris*, *Adrien Le Clère*, 1834, 1 vol. in-8°.

966. QUATREMÈRE DE QUINCY. Histoire de la vie et des ouvrages de Raphael. — *Paris*, *Firm. Didot*, 1835, 1 vol. in-8°.

967. QUATREMÈRE DE QUINCY. Essai sur l'idéal dans ses applications pratiques aux œuvres de l'imitation propre des arts du dessin. — *Paris*, *Ad. Le Clère et Cie*, 1837, 1 vol. in-8°.

968. QUATREMÈRE DE QUINCY. Lettres sur l'enlèvement des ouvrages de l'art antique à Athènes et à Rome. — *Paris*, *Ad. Le Clère*, 1836, 1 vol. in-8°.

969. QUÉRIÈRE. Recherches historiques sur les enseignes des maisons particulières. — *Paris*, *Victor Didron*, 1852, 1 vol. in-8°.

970. QUINCY (Le marquis de). L'art de la Guerre. — *Paris*, *J.-B. Coignard*, 1740, 2 vol. in-12.

971. QUINTILIANI (M.-F.). Institutionum oratoriarum libri duodecim. — *Paris*, *Delalain*, 1810, 2 vol. in-12.

# R

972. RABELAIS (Œuvres de maître FRANÇOIS). — *Amsterdam, H. Bordesius*, 1711, 5 vol. in-12.

973. RABELAIS RÉFORMÉ (LE) PAR LES MINISTRES. — *Bruselle, Christophe Girard*, 1620, 1 vol. in-8°.

974. RABUTIN, comte DE BUSSY. MÉMOIRES. — *Paris, Jean Anisson*, 1696, 2 vol. in-4°.

975. RACINE (LOUIS). LA RELIGION, poëme. — *Lyon, Amable Leroy*, 1807, 1 vol. in-12.

976. RACZYNSKI (Le Cte A.). DICTIONNAIRE HISTORICO-ARTISTIQUE DU PORTUGAL. — *Paris, Jules Renouard*, 1847, 1 vol. in-8°.

977. RAGUENET (L'abbé). HISTOIRE DU VICOMTE DE TURENNE. — *Amsterdam, Barth. Vlam*, 1789, 1 vol. in-12.

978. RAMBAUD (ALF.). HISTOIRE DE LA CIVILISATION FRANÇAISE. — *Paris, Arm. Colin et Cie*, 1888, 2 vol. in-8°.

979. RAMBAUD (ALF.). HISTOIRE DE LA CIVILISATION CONTEMPORAINE. — *Paris, Arm. Colin et Cie*, 1888, 1 vol. in-8°.

980. RAMBOSSON. LES COLONIES FRANÇAISES. — *Paris, Ch. Delagrave*, 1868, 1 vol. in-8°.

981. RAMÉE (DANIEL). MANUEL de l'histoire générale de l'architecture au moyen-âge. — *Paris, Paulin*, 1843, 2 vol. in-12.

982. RAMÉE (DANIEL). MONOGRAPHIE DE LA CATHÉDRALE DE NOYON. — *Paris*, 1845, 1 vol. in-4° avec pl.

983. RAMSAY (Le chev. DE). LES VOYAGES DE CYRUS. — *Paris, L. Dupont-Duverger*, 1810, 3 vol. in-18.

984. RAOUL (Le trouvère). MESSIRE GAUVIN OU LA VENGEANCE DE RAGUIDEL, poëme de la *Table-Ronde*. — *Paris, Aug. Aubry*, 1842, 1 vol. in-8°.

985. RAOUL-ROCHETTE. LETTRE A M. SCHORN; Supplément au Catalogue des Artistes de l'antiquité grecque et romaine. — *Paris, Crapelet*, 1845, 1 vol. in-8°.

986. RAPPORTS SUR LES OPÉRATIONS ET LES FAITS MILITAIRES auxquels la garde nationale a pris part dans les journées des 5 et 6 juin 1832. — *Paris, Crapelet*, 1832, 1 vol. in-4°.

987. RAPPORT SUR LES TRAITEMENTS ORTHOPÉDIQUES DU DOCTEUR GUÉRIN, par MM. BLANDIN, DUBOIS, JOBERT, etc. — *Paris*, 1848, 1 vol. in-4°.

988. RAPPORTS DU JURY INTERNATIONAL sur l'Exposition Universelle de 1867. — *Paris*, 1868, 1 vol. in-8°.

989. RAPPORTS sur la collection de documents inédits de l'Histoire de France. — *Paris*, 1874, 1 vol. in-4°.

990. RAPPORT sur la situation financière et matérielle des communes en 1877. — *Paris*, 1880, 1 vol. in-4°.

991. RAPPORT AU PRÉSIDENT DE LA RÉPUBLIQUE sur l'Enseignement supérieur. — *Paris*, 1878, 1 vol. in-8°.

992. RASPAIL. COURS D'AGRICULTURE. — *Paris*, 1832, 1 vol. in-18.

993. RAYNAL (LOUIS). HISTOIRE DU BERRY depuis les temps les plus reculés jusqu'en 1789. — *Bourges, Vermeil*, 1845, 4 vol. in-8°.

994. RAYNAL (G^me^-TH.). HISTOIRE PHILOSOPHIQUE ET POLITIQUE des Etablissements et du commerce des Européens dans les deux Indes. — *Genève, Jean-Léonard Pellet*, 1780, 10 vol. in-8°.

995. REBOULET. HISTOIRE DU PAPE CLÉMENT XI. — *Avignon, Claude Delorme*, 1752, 1 vol. in-4°.

996. RECHERCHE DE LA VÉRITÉ (DE LA). — *Paris, André Pralart*, 1675, 2 vol. in-12.

997. RECUËIL de plusieurs pièces d'éloquence et de poésie présentées à l'Académie Française. — *Paris, J.-B. Coignard*, 1695, 5 vol. in-12.

998. RECUEIL des deux premières pièces d'éloquence, imprimées par ordre de l'Académie. — *Rotterdam*, *Reinier Leers*, 1707, 2 vol. in-12.

999. RECUEIL de plusieurs privilèges des ordres roïaux, militaires et hospitaliers de Notre-Dame-du-Mont-Carmel et de St-Lazare. — *Paris*, 1722, 1 vol. in-8°.

1000. RECUEIL A. B. — *Fontenoy*, 1745, 1 vol. in-12.

1001. RECUEIL DE PIÈCES. JOURNAL de tout ce qui s'est passé au Parlement de Paris et dans son ressort sur le refus des sacrements, depuis le 22 juillet 1749 jusqu'au mois de septembre 1764. — 43 vol. in-4°.

1002. RECUEIL (PREMIER) philosophique et littéraire de la société typographique de Bouillon. — *Bouillon*, 1769, 5 vol. in-12.

1003. RECUEIL des interrogatoires subis par le général Moreau et quelques-uns de ses co-accusés. — *Paris, an XII*, 1 vol. in-8°.

1004. RECUEIL de la discussion de la loi sur l'Instruction secondaire. — *Paris*, *Paul Dupont*, 1844, 2 vol. in-8°.

1005. RÉFUTATION de la doctrine de Montesquieu sur la balance des pouvoirs. — *Paris*, *Ve Perronneau*, 1816, 1 vol. in-8°.

1006. RÉGIME DE SANTÉ (LE) de l'école de Salerne, trad. et commenté par Mich. LE LONG. — *Paris*, *Nic. et J. Lacoste*, 1637, 1 vol. in-8°.

1007. RÈGLEMENT touchant la marine de la Compagnie des Indes, du 16 septembre 1733. — *Paris*, 1734, 1 vol. in-4°.

1008. RÈGLEMENT DE M.D.C.XXXVII (Etats de Bretagne). — *Rennes*, *Nic.-Paul Vatar*, 1787, 1 vol. in-8°.

1009. RÉGNIER (Jos.). L'ORGUE. — *Nancy*, *Vagner*, 1850, 1 vol. in-8°.

1010. RÉGNIER (Œuvres de). — *Amsterdam*, *Et. Roger*, 1710, 1 vol. in-12.

1011. REMBRANDT. PAYSAGES A L'EAU FORTE, reprod. par Louis MARUY. — *Paris*, 1844, 4 livraisons.

1012. RENÉ (Œuvres du roi), avec biographie et notices, par le Cte de QUATREBARBES. — *Angers*, *Cosnier*, 1845, 2 vol. in-4°.

1013. RENOUVIER (Ch.). Manuel de philosophie ancienne. — *Paris*, *Paulin*, 1844, 2 vol. in-12.

1014. RÉPONSE DES ÉTATS DE BRETAGNE au mémoire du duc d'Aiguillon. — *Rennes*, 1715, 2 vol. in-4°.

1015. RESTAUT. Grammaire française. — *Paris*, *Lottin*, 1745, 1 vol. in-12.

1016. RÉTHEL (Alf.). Le socialisme, nouvelle danse des morts. — *Paris*, *Goupil*, *Vibert et Cie*, 1 vol. in-fol.

1017. RÉVOLUTION DE L'AMÉRIQUE ANGLAISE (Abrégé de la). — *Paris*, *Collot et Jombert*, 1778, 1 vol. in-12.

1018. RÉVOLUTIONS DE PARIS (1789-1793). — *Prud'homme*, 23 vol. in-8°.

1019. REVUE ARTISTIQUE ET LITTÉRAIRE (7 années, 1862-69). — *Paris*, 1 vol. in-8°.

1020. REVUE DE BRETAGNE (Nouvelle). — *Rennes*, *Marteville*, 1838, 2 vol. in-8°.

1021. REVUE NUMISMATIQUE, années 1844 et 1845, publiée par E. Cartier et L. de la Saussaie. — *Paris*, *Rollin*, 1 vol. in-8°.

1022. REVUE ENCYCLOPÉDIQUE (Nouvelle). — *Paris*, *F. Didot frères*. De mai 1846 à décembre 1848, 5 vol. in-8°.

1023. REVUE EUROPÉENNE. Lettres, sciences, arts, voyages, politique (1er février 1859-1er décembre 1861). — 18 vol. in-8°.

1024. REVUE CONTEMPORAINE. — Année 1865, 1 vol. in-8°

1025. REVUE DES DEUX-MONDES. — 1886...

1026. REYNAUD. Eléments d'algèbre. — *Paris*, *Courcier*, 1808, 1 vol. in-8°.

1027. REYNAUD. Traité d'application de l'Algèbre a la Géométrie. — *Paris*, *Ve Courcier*, 1819, 1 vol. in-8°.

1028. RHÉAL (Sébast.). Les divines féeries de l'Orient et du Nord. — *Paris*, *Fournier*, 1843, 1 vol. in-8°.

1029. RIBOT (Théod.) L'hérédité, étude psychologique sur ses phénomènes, ses lois, ses causes, ses conséquences. — *Paris*, *Ladrange*, 1873, 1 vol. in-8°.

1030. RICHARD (L'abbé). HISTOIRE NATURELLE DE L'AIR ET DES MÉTÉORES. — *Paris, Saillant et Nyon,* 1770, 10 vol. in-12.

1031. RICHARDSON. HISTORY OF SIR CHAR[s] GRANDISON. — *London*, 1812, 7 vol. in-12.

1032. RICHELIEU. TESTAMENT POLITIQUE. — *Amsterdam, H. Desbordes*, 1688, 1 vol. in-12.

1033. RICHELIEU (Vie d'ARMAND-JEAN, cardinal-duc DE). — *Cologne*, 1696, 2 vol. in-12.

1034. id. . — *Paris, J. Dumaine*, 1869, 1 vol. in-8°.

1035. RICHER (ADR.). NOUVEL ABRÉGÉ CHRONOLOGIQUE de l'histoire des Empereurs. — *Paris, David,* 1754, 2 vol. in-12.

1036. RIG-VÉDA, ou le livre des Hymnes, trad. du sanscrit, par M. LANGLOIS. — *Paris, Firm. Didot frères*, 1848, 4 vol. in-8°.

1037. ROBERT (CH.). SIGILLOGRAPHIE DE TOUL. — *Paris, Rollin et Feuardent,* 1868, 1 vol. in-4°.

1038. ROBERT (ULYSSE). RECUEIL de lois, décrets, etc., concernant les bibliothèques publiques. — *Paris, H. Champion,* 1883, 1 vol. in-8°.

1039. ROBERTSON (W.). THE HISTORY OF THE REIGN OF THE EMPEROR CHARLES V. — *London, T. Cadell,* 1798, 4 vol. in-12.

1040. ROBERTSON (W.). HISTOIRE D'ECOSSE. — *Paris, Jan et Cotelle*, 1821, 3 vol. in-8°.

1041. ROBERTSON (W.). HISTOIRE DE L'AMÉRIQUE. — *Paris, Jan et Cotelle*, 1818, 3 vol. in-8°.

1042. ROBESPIERRE (MAX.). MÉMOIRES AUTHENTIQUES. — *Paris, Moreau-Rosier*, 1830, 2 vol. in-8°.

1043. ROCHEFOUCAULT (Duc DE LA). PENSÉES ET MAXIMES. — *Paris, Ganeau*, 1754, 1 vol. in-12.

1044. ROGER (P.). NOBLESSE ET CHEVALERIE du comté de Flandre, d'Artois et de Picardie. — *Amiens, Duval et Herment*, 1843, 1 vol. in-8°.

1045. ROGUET (Le général de div. Cte). L'OFFICIER D'INFANTERIE EN CAMPAGNE. — *Paris, Dumaine*, 1869, 1 vol. in-8°.

1046. ROLAND (Mme). MÉMOIRES SUR LA RÉVOLUTION. — *Paris, Baudouin frères*, 1821, 2 vol. in-8°.

1047. ROLAND (Mme). MÉMOIRES, avec notice sur sa vie, par MM. BERVILLE et BARRIÈRE. — *Paris, Baudouin frères*, 1821, 2 vol. in-8°.

1048. ROLLE (P.-N.). RECHERCHES SUR LE CULTE DE BACCHUS. — *Paris, J.-B. Merlin*, 1824, 3 vol. in-8°.

1049. ROLLIN. HISTOIRE ANCIENNE. — *Paris, frères Estienne*, 1758, 14 vol. in-12.

1050. ROMAN D'AUBRY LE BOURGOING (LE). — *Reims, Régnier*, 1849, 1 vol. in-8°.

1051. ROMANS GRECS (Collection de), trad. par COURIER, LARCHER. — *Paris, Merlin*, 1822, 14 vol. in-24.

1052. ROQUE (LA). VOYAGE DE L'ARABIE HEUREUSE ET DE PALESTINE. — *Paris, André Cailleau*, 1716-17, 2 vol. in-12.

1053. ROUJOUX (DE). HISTOIRE DES ROIS ET DES DUCS DE BRETAGNE. — *Paris, Ladvocat*, 1828, 4 vol. in-8°.

1054. ROUSSE (JOS.). AU PAYS DE RETZ, poésies. — *Paris, Vinc. Forest*, 1867, 1 vol. in-8°.

1055. ROUSSEAU (J.-J.). Œuvres complètes. — *Paris, Lequien*, 1821, 21 vol. in-8°.

1056. id. id. . — *Genève*, 1782, 31 vol. in-12.

1057. ROUSSET (CAM.). PRÉCIS DE L'HISTOIRE DE LA RÉVOLUTION ET DE L'EMPIRE (1789-1799). — *Paris, Chamerot*, 1849, 1 vol. in-8°.

1058. ROUVIN (CH.). LA POÉSIE DES FLEURS. — *Paris, Aug. Ghio*, 1833, 1 vol. in-8°.

1059. ROUX (AMÉDÉE). MONTAUSIER, sa vie et son temps. — *Paris, Didier et Cie*, 1860, 1 vol. in-8°.

1060. ROY DE MIRECOURT (LE). RAPPORT SUR LES PROGRÈS DE L'HYGIÈNE NAVALE. — *Paris*, 1867, 1 vol. in-8°.

1061. ROY (LE). TRAITÉ DE L'ORTHOGRAPHE FRANÇAISE, revu et corrigé par RESTAUT. — *Poitiers, Félix Faulcon*, 1752, 1 vol. in-4°.

1062. ROZAN (Ch.). Le jeune homme. Lettres d'un ami. — *Paris, Ducrocq*, 1878, 1 vol. in-18.

1063. ROZET. Voyage dans la régence d'Alger. — *Paris, Arthur Bertrand*, 1833, 3 vol. in-8°.

Rouvin (Ch). La bête humaine, étude de phrénologie et de physiognomonie. Paris V. Adrien Delahaye et Cie 1877, in-8°.

Rouvin (Ch) Les Petites-filles de Juvénal, satires du temps présent. Paris, Dentu 1885, 1 vol. in-12.

Rouvin (Amédée). Contes pour les enfants de tous les âges. St-Brieuc, Guyon frères 1871. 1 vol. in-12.

Raphaël (Gravures d'après) représentant 1° La Belle Jardinière; 2° La Madone de Saint Sixte; 3° La Vierge à la chaise; 4° Sainte Cécile; 5° La Vierge au poisson; 6° La Vierge aux candélabres.

# S

1064. SABATIER (J.-C.). RECHERCHES HISTORIQUES sur la Faculté de médecine de Paris. — *Paris, P.-Fr. Didot*, 1772, 4 vol. in-8°.

1065. SABOT (LÉOPOLD). LES PETITS MÉTIERS DE FRÉDÉRIC. — *Paris, Paul Dupont*, 1881, 1 vol. in-12.

1066. SABOT (LÉOP.). LES PIOUPIOUS. — *Paris, Aug. Ghio*, 1882, 1 vol. in-12.

1067. SABOT (LÉOP.). DEUX VEUVES. — *Paul Ollendorff*, 1883, 1 vol. in-12.

1068. SAGE (LE). LE DIABLE BOITEUX. — *Paris, Dalibon et Cie*, 1829, 1 vol. in-18.

1069. SAGE (LE). LE BACHELIER DE LA SALAMANQUE. — *Paris, Dalibon et Cie*, 1829, 2 vol. in-18.

1070. SAGE (LE). HISTOIRE DE GIL-BLAS DE SANTILLANC. — *Paris, Dalibon et Cie*, 1829, 5 vol. in-18.

1071. SAGE (LE). HISTOIRE DE GUSMAN D'ALFARACHE. — *Paris, Dalibon et Cie*, 1829, 3 vol. in-18.

1072. SAGE (LE). Théâtre choisi. — *Paris, Dalibon et Cie*, 1829, 1 vol. in-18.

1073. SAINT-EVREMONT. Œuvres mêlées. — *Paris, Claude Barbin*, 1692, 5 vol. in-12.

1074. SAINT-GENIS (V. DE). HISTOIRE DE LA SAVOIE. — *Paris, Amyot*, 1868, 3 vol. in-8°.

1075. SAINT-HILAIRE (AUG. DE). VOYAGES aux sources du Rio

de S. Francisco et dans la province de Goyas. — *Paris*, *Arthus Bertrand*, 1847, 2 vol. in-8°.

1076. SAINT-HYACINTHE. RECHERCHES PHILOSOPHIQUES sur la nécessité de s'assurer par soi-même de la vérité, etc. — *Londres*, *Jean Nourse*, 1743, 1 vol. in-8°.

1077. SAINT-JOSEH (ANT. DE). CONCORDANCE entre les lois hypothécaires, étrangères et françaises. — *Paris*, *Videcoq*, 1847, 1 vol. in-8°.

1078. SAINT-LAMBERT. LES SAISONS, poëme. — *Amsterdam*, 1773, 1 vol. in-12.

1079. SAINT-MARC (DE). ABRÉGÉ CHRONOLOGIQUE DE L'HISTOIRE D'ITALIE, de 476 à 1748. — *Paris*, *Jean-Thomas Hérissant*, 1761, 6 vol. in-12.

1080. SAINT-MARC (DE). ABRÉGÉ DE L'HISTOIRE D'ITALIE. — *Paris*, *J.-Th. Hérissant*, 1761, 6 vol. in-8°.

1081. SAINT-PIERRE (BERNARDIN DE). ETUDES DE LA NATURE. — *Paris*, 1792, 3 vol. in-12.

1082. SAINT-RÉAL. CONJURATION DES ESPAGNOLS CONTRE LA RÉPUBLIQUE DE VENISE. — *Paris*, *Grimprelle*, 1 vol. in-18.

1083. SALLUSTE. DE LA CONJURATION DE CATILINA et de la guerre de Jugurtha contre les Romains. — *Paris*, *Fr. Barbou*, 1726, 1 vol. in-12.

1084. SANCTI BERNARDI, abattis claræ-valensis, opera omnia. — *Paris*, *Gaume frères*, 1839, 4 vol. in-8°.

1085. SANCTI JOANNIS CHRYSOSTOMI opera selecta, græce et latine, par DUBNER. — *Paris*, *Amb. Firm. Didot*, 1841, 1 vol. in-8°.

1086. SANSON. INTRODUCTION A LA GÉOGRAPHIE. — *Paris*, *Langlois*, 1682, 1 vol. in-12.

1087. SATYRE MÉNIPPÉE. — *Ratisbonne*, *Mathias Kerner*, 1711, 2 vol. in-8°.

1088. SATYRE MÉNIPPÉE, ou la Vertu du Catholicon, avec introduction et éclaircissement, par M. Ch. READ. — *Paris*, 1880, 1 vol. in-16.

1089. SAURET (L'abbé). ESSAI HISTORIQUE sur la ville d'Embrun. — *Gap*, *Delaplace*, 1860, 1 vol. in-8°.

1090. SAUTAYRA ET CHERBONNEAU. DROIT MUSULMAN. — Du statut personnel et des successions. — *Paris*, *Maisonneuve*, 1874, 2 vol. in-8°.

1091. SAUZAY (EUG.). HAYDN, MOZART, BEETHOVEN. Etude sur le quatuor. — *Paris*, 1861, 1 vol. in-8°.

1092. SAVARY (JACQ.). LE PARFAIT NÉGOCIANT. — *Paris*, *Ve Estienne*, 1749, 2 vol. in-4°.

1093. SCARRON. LE ROMAN COMIQUE. — *Paris*, *Grimprelle*, 1830, 3 vol. in-8°.

1094. SECCHI. LES ÉTOILES, essai d'astronomie sidérale. — *Paris*, *Germer-Baillère*, 1879, 2 vol. in-8°.

1095. SCHILLER. ŒUVRES DRAMATIQUES, trad. de l'allemand. — *Paris*, *Brissot-Thivars*, 1822, 5 vol. in-8°.

1096. SCHMOLDERS (AUG.). ESSAI sur les écoles philosophiques chez les Arabes. — *Paris*, *Firm. Didot*, 1842, 1 vol. in-8°.

1097. SCHŒBEL. ANALOGIES de la langue allemande avec le grec et le latin. — *Paris, Jules Renouard*, 1846, 1 vol. in-4°.

1098. SCHŒFER. HISTOIRE DU PORTUGAL depuis sa séparation de la Castille, trad. de l'allemand par H. SOULANGE-BODIN. — *Paris*, *Plon frères*, 1845, 1 vol. in-18.

1099. SCHŒPFLIN (J.-D.). L'ALSACE ILLUSTRÉE. — *Mulhouse*, *F. Perrin*, 1849, 5 vol. in-8°.

1100. SCHUTZENBERGER. LES FERMENTATIONS. — *Paris*, *Germer-Baillère*, 1879, 1 vol. in-8°.

1101. SÉGUR (LE Cte DE). ABRÉGÉ DE L'HISTOIRE UNIVERSELLE, ANCIENNE ET MODERNE. — *Paris*, *Alexis Eymery*, 1821, 14 vol. in-18.

1102. SÉGUR (LE Cte DE). GALERIE MORALE ET POLITIQUE. — *Paris*, *Alexis Eymery*, 1818, 1 vol. in-8°.

1103. SÉGUR (LE Cte DE). HISTOIRE DE FRANCE. — *Paris*, *Alexis Eymery*, 1824, 9 vol. in-8°.

1104. SESTIER (LE Docteur). DE LA FOUDRE, de ses formes et de ses effets. — *Paris*, *J.-B. Baillère et fils*, 1866, 1 vol. in-8°.

1105. SHAKSPEARE. ŒUVRES DRAMATIQUES, trad. par LETOURNEUR. — *Paris*, *Amédée Saintin*, 1835, 2 vol. in-8°.

1106. SHAW (Le Dr). VOYAGE DANS LA RÉGENCE D'ALGER, trad. de l'anglais par MAC CARTHY. — *Paris*, *Martin*, 1830, 1 vol. in-8°.

1107. SHUCKFORD (SAMUEL). HISTOIRE DU MONDE, SACRÉE ET PROFANE, traduit de l'anglais. — *Paris*, *G. Cavelier*, 1752, 3 vol. in-12.

1108. SILIUS ITALICUS. LA SECONDE GUERRE PUNIQUE, trad. par LEFEBVRE DE VILLEBRUNE. — *Paris*, 1781, 3 vol. in-12.

1109. SILVIO PELLICO. DEVOIRS DE L'HOMME, trad. par LUIGI ODORICI. — *Saint-Brieuc*, *L. Prud'homme*, 1834, 1 vol. in-12.

1110. SIMÉON (Le Cte DE). CHOIX DE DISCOURS ET D'OPINIONS. — *Paris*, *Hacquart*, 1824, 1 vol. in-8°.

1111. SITUATION ADMINISTRATIVE ET FINANCIÈRE des hôpitaux et hospices de l'Empire. — *Paris*, 1869, 2 vol. in-4°.

1112. SOBRINO (FRANC.). GRAMMAIRE NOUVELLE espagnole et française. — *Lyon*, *P. Bruyset*, 1777, 1 vol. in-12.

1113. SOLLEYSEL. LE PARFAIT MARÉCHAL. — *Paris*, *Didot*, 1754, 1 vol. in-4°.

1114. SONNINI. VOYAGE DANS LA HAUTE ET BASSE EGYPTE. — *Paris*, *Buisson*, an VII, 3 vol. in-8°.

1115. SOPHOCLIS PERDITARUM FABULARUM FRAGMENTA. — *Paris*, *Firm. Didot*, 1842, 1 vol. in-8°.

1116. SOUMET (ALEXANDRE). JEANNE D'ARC. — *Paris*, *Firmin-Didot*, 1846, 1 vol. in-8°.

1117. SOUVENIRS NUMISMATIQUES DE LA RÉVOLUTION DE 1848. — *Paris*, *J. Rousseau*, 1 vol. in-4°.

1118. SOUVESTRE (EM.). LE FINISTÈRE EN 1836. — *Brest*, *Come fils*, 1838, 1 vol. in-8°.

1119. SPENCER (HERBERT). INTRODUCTION A LA SCIENCE SOCIALE. — *Paris*, *Germer-Baillère*, 1880, 1 vol. in-8°.

1120. SPRINGER. PARIS AU XIIIe SIÈCLE. — *Paris*, *Aug. Aubry*, 1860, 1 vol. in-8°.

1121. STEDMAN (le Cap$^{ne}$ J.-G.). VOYAGE A SURINAM ET DANS L'INTÉRIEUR DE LA GUYANE, trad. par HENRY. — *Paris*, *F. Buisson*, an VII, 3 vol. in-8°.

1122. STACE. LES SYLVES ET L'ACHILLÉIDE. — *Paris*, *Séb. Hure*, 1658, 1 vol. in-8°.

1123. STERNE. LA VIE ET LES OPINIONS DE TRISTRAM SHANDY, trad. par M. FRENAIS. — *Londres*, 1784, 4 vol. in-18.

1124. STATISTIQUE DE LA FRANCE. AGRICULTURE, enquête de 1862. — *Strasbourg*, *Ve Berger-Levrault*, 1868, 1 vol. in-8°.

1125. SUDRE (FRANÇ.). LANGUE MUSICALE UNIVERSELLE. — *Paris*, 1866, 1 vol. in-12.

1126. SUÉTONE. HISTOIRE DES EMPEREURS ROMAINS, trad. en français. — *Paris*, *Mich. Bobin*, 1667, 1 vol. in-12.

1127. SULLY (Duc DE). MÉMOIRES DE HENRI LE GRAND. — *Amsterdam*, 1725, 12 vol. in-12.

1128. SWEDENBORG (EM.). DOCTRINE DE LA NOUVELLE JÉRUSALEM sur l'Ecriture sainte, trad. du latin par LE BOYS DES GUAYS. — *Paris*, *Hartel*, 1842, 1 vol. in-8°.

1129. SWEDENBORG (E.). EXPOSITION SOMMAIRE du sens interne des livres prophétiques de l'Ancien Testament et des Spaumes de David, traduit par LE BOYS DES GUAYS. — *Paris*, *Hartel*, 1845, 1 vol. in-8°.

1130. SWEDENBORG (E.). DU JUGEMENT DERNIER ET DE LA BABYLONE DÉTRUITE, trad. par LE BOYS DES GUAYS. — *Saint-Amand*, *Porte*, 1850, 1 vol. in-8°.

1131. SWEDENBORG (E.). LA SAGESSE ANGÉLIQUE, trad. par LE BOYS DES GUAYS. — *Saint-Amand*, *Porte*, 1851, 1 vol. in-8°.

1132. SWEDENBORG (E.). LES ARIANES CÉLESTES QUI SONT DANS L'ECRITURE SAINTE, ou la parole du Seigneur dévoilée, trad. par LE BOYS DES GUAYS. — *Paris*, *Minot*, 1852, 15 vol. in-8°.

1133. SWINBURNE. VOYAGE EN ESPAGNE. — *Paris*, *Gl Dufour*, 1806, 1 vol. in-18.

1134. SWIFT. VOYAGES DE GULLIVER, trad. de l'anglais. — 2 vol. in-12.

Saulnier (Fred). La vie d'un poète Edouard Turquety. Paris, Jules Gervais, 1885 1 vol. in-8°.

Saulnier (Fred). L'Enfeu des Champion à St-Sauveur de Rennes. (1510-1592) Rennes, Ch. Cotel & Cie 1888.

Saulnier (Fred) Le chevalier de Sévigné Paris, A. Durand 1865.

Saulnier (Fred) Seigneurs et Seigneuries La Rivaudière. — Les Loges. — Montbouan. — Le Plessix-Giffard. — Changé. Rennes, Ch. Catel 1866.

Saulnier (Fred). Les manuscrits du Paz Nantes, Vinc. Forest et Em. Grimaud, 1887.

Saulnier (Fred) Guill. Berthou de Kervaudey et ses descendants. Vannes Eug. Lafolye 1889.

Sylvii (Francisci). Commentarii in tertiam partem S. Tho. Aquinatis. Antverpiae 1680 Jacobum Meursium. 4 v. in-4°

# T U

1135. TABLEAU HISTORIQUE ET POLITIQUE DE LA SUISSE. — *Paris*, *Lottin*, 1766, 1 vol. in-12.

1136. TABLEAU GÉNÉRAL des archives départementales avant 1790. — *Paris*, 1848, 1 vol. in-4°.

1137. TABLEAU HISTORIQUE ET POLITIQUE des deux dernières révolutions de Genève. — *Londres*, 1789, 2 vol. in-8°.

1138. TABLES DE LOGARITHMES. — *Paris*, *Desaint*, 1768, 1 vol. in-12.

1139. TACITE (Annales de), trad. par J.-H. DOTTEVILLE. — *Paris*, *Moutard*, 1774, 2 vol. in-12.

1140. TAINE. LES ORIGINES DE LA FRANCE CONTEMPORAINE. — *Paris*, *Hachette et Cie*, 1888, 4 vol. in-8°.

1141. TALBOT (Chev. ROBERT). LETTRES SUR LA FRANCE, trad. par M. MAUBERT DE G. — *Amsterdam*, *Franc. Changuion*, 1768, 2 vol. in-12.

1142. TASSE (LE). LA JÉRUSALEM DÉLIVRÉE, trad. par BAOUR-LORMIAN. — *Paris*, *Amb. Tardieu*, 1822, 3 vol. in-12.

1143. TASSO (TORQUATO). LA GERUSALEMME LIBERATA. — *Venezia*, *Abrizzi*, *Q. Girol*, 1745, 1 vol. in-fol.

1144. TAVERNA. HISTORIETTES MORALES, trad. par LUIGI ODORICI. — *Dinan*, *J.-B. Huart*, 1836, 1 vol. in-12.

1145. TAYLOR (J.). VOYAGES PITTORESQUES ET ROMANTIQUES EN NORMANDIE. — *Paris*, *Firm. Didot*, in-fol. avec pl.

1146. TÉGNER (Œuvres de), trad. du suédois par Mlle R. DU PUGET. — *Paris*, 1838, 1 vol. in-8°.

1147. TÉNOT. Etude historique sur le coup d'Etat de décembre 1851. — *Paris*, 1876, 2 vol. in-8°.

1148. TÉRENCE. Comédies, trad. en français. — *Lyon, Horace-Molin*, 1695, 3 vol. in-12.

1149. TERENTII COMŒDIÆ, interpretatione ac noctis illustravit. Jos. Juvencius. — *Rouen, Lallemant*, 1736, 1 vol. in-12.

1150. TERRE SAINTE (La). — 1615, 1 vol. in-8°.

1151. TESSIN (Le Cte de). Lettres au prince royal de Suède, trad. du suédois. — *Paris, Ant. Jombert*, 1755, 1 vol. in-12.

1152. THÉATRE DE LA FOIRE, ou l'Opéra-Comique, recueil des meilleures pièces représentées aux foires de St-Germain et de St-Laurent. — *Amsterdam, Zacharie Chatelain*, 1722, 10 vol. in-12.

1153. THÉATRE ITALIEN (Le nouveau). — *Paris, Briasson*, 1733, 9 vol. in-12.

1154. THÉIS (Le baron Alex. de). Histoire universelle de tous les peuples du monde. — *Paris, Philippe*, 1830, 2 vol. in-8°.

1155. THÉNARD. Traité de chimie élémentaire théorique et pratique. — *Paris, Crochard*, 1821, 4 vol. in-8°.

1156. THEOPHRASTI CHARACTERES, Marcus Antonius, Epictetus, Simplicius, Cebes, Maximus Tyrius, par Fr. Dubner. — *Paris, Ambr. Firmin-Didot*, 1842, 1 vol. in-8°.

1157. THÉORIE ET PRATIQUE DU JARDINAGE. — *Paris, Jean Mariette*, 1732, 1 vol. in-4°.

1158. THÉORIE DE L'IMPOT. — *Amsterdam, Arktée*, 1761, 1 vol. in-12.

1159. THÉORIE DE L'INTÉRÊT DE L'ARGENT. — *Paris, Barrois*, 1780, 1 vol. in-12.

1160. THÉVENOT. Relations de divers voyages curieux. — *Paris, Jacq. Langlois*, 1664, 1 vol. in-4°.

1161. THIERRY (Aug.). Histoire de la conquête de l'Angleterre par les Normands. — *Paris, Just. Tessier*, 1838, 4 vol. in-8°.

1162. THIERS. Histoire de la Révolution française. — *Paris, Furne, Jouvet et Cie*, 1880, 10 vol. in-8°.

1163. THIERS. Histoire du Consulat et de l'Empire. — *Paris, Paulin*, 1845, 20 vol. in-8°.

1164. THIERS. Discours sur l'emprunt de deux milliards. — *Paris, A. Wittersheim et Cie*, 1871, 1 vol. in-8°.

1165. THOMPSON (James). The poetical Works. — *London*, 1 vol. in-18.

1166. THUCYDIDE. Histoire de la guerre du Péloponèse, continuée par Hénophon, trad. par Perrot d'Ablancourt. — *Paris, Aug. Courbe*, 1662, 1 vol. in-4°.

1167. THUCYDIDIS. Historia belli Preloponnesiaci, avec trad. latine, par M. Haase. — *Paris, Ambr. Firmin-Didot*, 1842, 1 vol. in-8°.

1168. THUCYDIDIS de bello Peloponnesiacco libri VIII. — *Henricus Stephanus*, 1588, 1 vol. in-4°.

1169. THUREAU D'ANGIN. Histoire de la monarchie de Juillet. — *Paris, E. Plon, Nourrit et Cie*, 1888, 3 vol. in-8°.

1170. THURSTON. La machine a vapeur. — *Paris, Germer-Baillère*, 1880, 1 vol. in-8°.

1171. TIEYS (J.-L.). Fastes poétiques de l'histoire de France. — *Paris, Delloye*, 1840, 1 vol. in-8°.

1172. TISSOT. Avis au peuple sur sa santé. — *Lyon, Duplain*, 1767, 1 vol. in-12.

1173. TISSOT. Précis ou histoire abrégée des guerres de la Révolution française, depuis 1792 jusqu'à 1815. — *Paris, Raymond*, 1821, 3 vol. in-8°.

1174. TOPIN (Marius). L'Europe et les Bourbons sous Louis XIV. — *Paris, Didier et Cie*, 1 vol. in-8°.

1175. TOSSYN. Historique du Pont Veuve Van Enschodt établi sur le Rupel. — *Bruxelles*, 1853, 1 vol. in-4° avec atlas.

1176. TOULMOUCHE. Histoire archéologique de l'époque gallo-romaine de la ville de Rennes. — *Rennes, Deniel*, 1847, 1 vol. in-4°.

1177. TOUR DU MONDE (Le). Nouveau journal de voyages. — *Paris, Hachette et Cie*, 1886.

1178. TRAITÉ sur la manière de lire les auteurs avec utilité. — *Paris, N. Lottin*, 1847, 1 vol. in-12.

1179. TRAITÉ DE LA SPHÈRE (NOUVEAU). — *Paris, Debure*, 1755, 1 vol. in-12.

1180. TRAITÉ DE LA POÉSIE FRANÇAISE. — *Paris, G^me de Luyne*, 1785, 1 vol. in-12.

1181. TRÉMAUX. VOYAGE en Ethiopie, dans le Soudan Oriental et dans la Nigritie. — *Paris, L. Hachette*, 1862, 2 vol. in-fol. avec planches.

1182. TRÉSORS ARCHÉOLOGIQUES DE L'ARMORIQUE OCCIDENTALE. — *St-Brieuc*, 1 vol. in-fol.

1183. TRESVAUX (L'abbé). HISTOIRE DE L'ÉGLISE ET DU DIOCÈSE D'ANGERS. — *Paris, Pringuet*, 1859, 2 vol. in-8°.

1184. TRIPIER. LES CODES FRANÇAIS. — *Paris, Cotillon*, 1848, 1 vol. in-8°.

1185. TROOST (L.). TRAITÉ ÉLÉMENTAIRE DE CHIMIE. — *Paris, G. Masson*, 1887, 1 vol. in-8°.

1186. TROUESSART. RECHERCHES sur quelques phénomènes de la vision. — *Brest, Anner*, 1854, 1 vol. in-8°.

1187. TROUESSART. ESSAI HISTORIQUE sur la théorie des corps simples. — *Brest, Lefournier*, 1854, 1 vol. in-8°.

1188. TROUSSEAU. TRAITÉ DE THÉRAPEUTIQUE ET DE MATIÈRE MÉDICALE. — *Paris, Béchet jeune*, 1847, 2 vol. in-8°.

1189. TUCKEY (Le Cap.). RELATION D'UNE EXPÉDITION pour reconnaître le Zaïre. — *Paris, Gide fils*, 1818, 2 vol. in-18.

1190. TURPIN. LES FASTES, OU TABLEAU HISTORIQUE DE LA MARINE FRANÇAISE. — *Paris, Belin*, 1784, 1 vol. in-4°.

1191. TYNDALL. LES GLACIERS ET LES TRANSFORMATIONS DE L'EAU. — *Paris, Germer-Baillère*, 1880, 1 vol. in-8°.

1192. TYPOO-ZAËL (Mémoires de), ou révolution de l'Inde pendant le XVIII^e siècle. — *Paris, George Bridel*, 1796, 2 vol. in-8°.

1193. URFÉ (HONORÉ D'). L'ASTRÉE. — *Paris, Aug. Courbe*, 1647, 7 vol. in-8°.

Travaux législatifs de la Chambre des Députés (1889-1893). 1 vol. in-8°.

Thuani (Jac. Augusti). Historiarum sui temporis. Londres, Samuel Buckley, 1733. 7 vol. in-4°.

# V

1194. VALDECK (De). Monuments anciens du Mexique et du Yucatan, texte par M. Brasseur de Bourgbourg. — *Paris, Arthus. Bertrand*, 1 vol. in-fol. avec pl.

1195. VALDECK-ROUSSEAU. Rapport sur les opérations des Sociétés de Secours mutuels en 1881. — *Paris*, 1883, 1 vol. in-4°.

1196. VALÈRE-MAXIME, ou les actions et les paroles remarquables des anciens, trad. par Tarboicher. — *Paris, Mich. Brunet*, 1713, 2 vol. in-12.

1197. VALLEMONT (De). Les éléments de l'histoire. — *Paris, Jean Anisson*, 1696, 2 vol. in-12.

1198. VALSERRES (Jacq. de). Manuel de droit rural et d'économie agricole. — *Paris, Gve Thorel*, 1847, 1 vol. in-8°.

1199. WARDEN (D.-B.). L'art de vérifier les dates. Chronologie historique de l'Amérique. — *Paris, Amb. Dupont et Roret*, 1826, 10 vol. in-8°.

1200. VATOUT. Souvenirs historiques des résidences royales. — *Paris, Didier*, 1852, 5 vol. in-8°.

1201. VAULABELLE (Ach. de). Histoire des deux restaurations, jusqu'à l'avènement de Louis-Philippe. — *Paris, Garnier frères*, 1874, 10 vol. in-8°.

1202. VEILLÉES DU CHATEAU (Les). — *Paris, Maradan*, 1804, 2 vol. in-12.

1203. VÉNERONI. Le maître italien. — *Paris, Mich. David*, 1709, 1 vol. in-12.

1204. VÉNERONI. Dictionnaire français-italien et italien-français. — *Paris, Jn-Bte Coignard*, 1710, 2 vol. in-4°.

1205. VENUTI CORTONESE (RIDOLFINO). DESCRIZIONE TOPOGRAFICA DELLE ANTICHITA DI ROMA. — *Roma, Battista Bernabo*, 1763, 1 vol. in-4°.

1206. VERGANI. RACCONTI ISTORICI MESSI IN LINGUA ITALIANA. — *Parigi, G. Duplessis et Cie*, 1825, 1 vol. in-12.

1207. VERGNE (DE LA). OBSERVATIONS SUR LA RAGE. — *Saint-Brieuc, Gab. Bourel,* 1808, 1 vol. in-8°.

1208. VERTOT (L'abbé DE). HISTOIRE CRITIQUE de l'établissement des Bretons dans la Gaule. — *Paris, François Barois*, 1720, 2 vol. in-12.

1209. VERTOT. HISTOIRE DES RÉVOLUTIONS DE PORTUGAL. — *Paris, Lecointe*, 1829, 1 vol. in-18.

1210. VERTOT. HISTOIRE DES RÉVOLUTIONS DE SUÈDE. — *Paris, Lecointe*, 1829, 1 vol. in-18.

1211. VERTOT. HISTOIRE DES CHEVALIERS DE MALTE. — *Paris, Damoneville*, 1755, 7 vol. in-12.

1212. VERTOT. HISTOIRE DES RÉVOLUTIONS DE LA RÉPUBLIQUE ROMAINE. — *Amsterdam, David Mortier*, 1771, 2 vol. in-12.

1213. VERTOT. HISTOIRE DES RÉVOLUTIONS ARRIVÉES DANS LA RÉPUBLIQUE ROMAINE. — *Paris, Delalain*, 1806, 2 vol. in-12.

1214. VESLY (LÉON DE). CARTE PRÉHISTORIQUE du département de la Seine-Inférieure. — *Paris, Ducher et Cie*, 1877, 1 vol. in-8°.

1215. VETUS TESTAMENTUM GRÆCUM, par l'abbé JAGER. — *Paris, Ambr. Firmin-Didot*, 1855, 2 vol. in-8°.

1216. WEY (FRANCIS). HISTOIRE DU LANGAGE EN FRANCE. — *Paris, Firmin-Didot fres*, 1848, 1 vol. in-8°.

1217. WEY (FRANCIS). REMARQUES sur la langue française au XIXe siècle, sur le style et la composition littéraire. — *Paris, Firmin-Didot fres*, 1845, 2 vol. in-8°.

1218. VICTOIRES, CONQUÊTES ET REVERS DES FRANÇAIS, de 1792 à 1845. — *Paris, Ruel aîné*, 1855, 1 vol. in-8°.

1219. VIES DES PÈRES, DES MARTYRS ET DES AUTRES PRINCIPAUX SAINTS. — *Paris, Barbou,* 1743, 12 vol. in-8°.

1220. VIGNÉ (J.-B.). MÉMOIRE sur le danger des inhumations

précipitées et sur les signes de la mort. — *Rouen, Nicétas Périaux*, 1837, 1 vol. in-8°.

1221. VIGNÉ (J.-B.). Traité de la mort apparente. — *Paris, Béchet J^ne et Labbé*, 1841, 1 vol. in-8°.

1222. VIGNEUL-MARVILLE (De). Mélanges d'histoire et de littérature. — *Paris, Ch. Prud'homme*, 1725, 2 vol. in-12.

1223. VIGNY (Alf. de). Cinq-Mars, ou une conjuration sous Louis XIII. — *Paris, H. Delloye*, 1838, 2 vol. in-8°.

1224. VIREY. Histoire naturelle du genre humain. — *Paris, Dufart*, an IX, 2 vol. in-8°.

1225. VIRGILE (Œuvres de), trad. par l'abbé des Fontaines. — *Paris, Quillau*, 1754, 4 vol. in-8°.

1226. VIRGILE. Les bucoliques, trad. en vers français. — *Paris, Giguel et Michaud*, 1806, 1 vol. in-12.

1227. VIRGILE. L'Enéide, trad. par Jacques Delille. — *Paris, Giguel*, 1804, 4 vol. in-24.

1228. VISCONTI. Iconographie grecque. — *Paris, P. Didot*, 1810, 3 vol. in-4°.

1229. VISCONTI. Iconographie romaine. — *Paris, P. Didot*, 1817, 4 vol. in-4°.

1230. VOCABULAIRE FRANÇAIS (Le Grand). — *Paris, C. Panckoucke*, 1767, 30 vol. in-4°.

1231. WOGAN (Le baron de). Six mois dans le Far-West, voyages et aventures. — *Paris, Didier et C^ie*, 1875, 1 vol. in-8°.

1232. VOGEL (H.). La photographie et la chimie de la lumière. — *Paris, Germer-Baillère*, 1880, 1 vol. in-8°.

1233. VOITURE (Œuvres de). — *Paris, Louis Billaine*, 1663, 1 vol. in-12.

1234. VOLTAIRE PARMI LES OMBRES. — *Paris, P.-G. Simon*, 1776, 1 vol. in-16.

1235. VOLTAIRE. La Henriade, en dix chants, avec dissertation sur la mort d'Henri IV. — *Londres*, 1781, 1 vol. in-18.

1236. VOLTAIRE. ELÉMENTS DE LA PHILOSOPHIE DE NEWTON. — *Londres*, 1738, 1 vol. in-8°.

1237. VOLTAIRE. SIÈCLES DE LOUIS XIV ET DE LOUIS XV. — *Paris, P. Didot*, an XI, 4 vol. in-12.

1238. VOLTAIRE (Théâtre de). — *Paris, Ve Duchesne*, 1771, 2 vol. in-8°.

1239. VOSGIEN. DICTIONNAIRE GÉOGRAPHIQUE, trad. de l'anglais. — *Paris*, 1777, 1 vol. in-8°.

1240. VUES (NOUVELLES) sur le système de l'univers. — *Paris, Chaubert*, 1751, 1 vol. in-8°.

# X Y Z

1241. XÉNOPHON. La retraite des dix mille, trad. par MM. Coste et Charpentier. — *Amsterdam,* 1758, 2 vol. in-12.

1242. YORICK. A sentimental journey. — *London, Straham,* 1780, 1 vol. in-12.

1243. ZELLER (Jules). L'année historique 1860-61. — *Paris, Hachette,* 1860, 2 vol. in-12.

1244. ZIENKOWICZ. Les costumes du peuple polonais. — *Paris,* 1841, 1 vol. in-4°.

Imp. Peigné, Dinan.

www.ingramcontent.com/pod-product-compliance
Ingram Content Group UK Ltd.
Pitfield, Milton Keynes, MK11 3LW, UK
UKHW022109190726
13855UKWH00002B/741

9 782013 079297